JN396709

Original title: Le gorille et l'orchidée
ⓒ Rue du monde, 2010
All rights reserved
Korean translation copyright ⓒ MustB Publishing, 2013
Published by arrangement with Rue du monde through Hannele & Associates,
France and Icarias Agency, Korea.

이 책의 한국어판 저작권은 Icarias Agency를 통해 Rue du monde와 독점 계약한 도서출판 머스트비에 있습니다.
저작권법에 의하여 한국 내에서 보호를 받는 저작물이므로 무단전재와 복제를 금합니다.

우리가 꼭 알아야 할
생물다양성 그림 백과

고릴라부터 난초까지 사라져가는 생명들

로라나 지아르디, 스테판 반 잉겔란트, 알랭 세르 글
자우 그림 | 위베르 리브 서문 | 이주희 옮김

머스트비

차례

파란 별 지구를 지킬 사람, 어디 없나요? 11

1. 열대림에서 12

인도 열대림
숲올빼미 *Heteroglaux blewitti* 14
피그미멧돼지 *Porcula salvania* 14
남다파날다람쥐 *Biswamoyopterus biswasi* 15
말라바사향고양이 *Viverra civettina* 15
사파이어장식땅거미 *Poecilotheria metallica* 15

인도네시아 열대림
유황앵무 *Cacatua sulphurea* 16
수마트라오랑우탄 *Pongo abelii* 16
앤드루스군함조 *Fregata andrewsi* 16
탈라우드제도쿠스쿠스 *Ailurops melanotis* 17
수마트라호랑이 *Panthera tigris sumatrae* 17

동남아시아 열대림
세부꽃새 *Dicaeum quadricolor* 18
쿠프레이(캄보디아회색들소) *Bos Sauveli* 18
주름코뿔새 *Aceros waldeni* 18
만타나니베사르달팽이 *Opisthostoma jucundum* 18
라플레시아 *Rafflesia magnifica* 19
아메시엘라(필리핀풍란) *Amesiella monticola* 19

남아메리카 밀림
세발가락나무늘보 *Bradypus torquatus* 20
검은수염사키원숭이 *Chiropotes satanas* 20
파라나소나무 *Araucaria angustifolia* 21
왕관독수리 *Harpyhaliaetus coronatus* 21

아마존 밀림
레만독개구리 *Oophaga lehmanni* 22
초록잉카벌새 *Coeligena orina* 22
노랑귀앵무 *Ognorhynchus icterotis* 23
흰머리타마린원숭이 *Saguinus oedipus* 23

아프리카 열대림
케냐흰난초 *Afrothismia baerae* 24
카메룬노란오렌지색난초 *Ossiculum aurantiacum* 24
쿠페노란난초 *Polystachya kupensis* 25

마다가스카르 숲
비단시파카 *Propithecus candidus* 26
베르트부인쥐여우원숭이 *Microcebus berthae* 26
무지개개구리 *Scaphiophryne gottlebei* 26
그랑디디에몽구스(큰줄무늬몽구스) *Galidictis grandidieri* 27
데이도마뱀붙이(청록꼬리도마뱀붙이) *Phelsuma antanosy* 27
포르도팽버들옷 *Euphorbia francoisii* 27

아프리카 고지 열대림
침팬지 *Pan troglodytes* 28
산고릴라 *Gorilla beringei beringei* 28
터너에레모멜라 *Eremomela turneri* 29
우삼바라일랑일랑 *Uvariopsis bisexualis* 29

2. 산과 사막, 건조한 땅에서 30

아프리카 북동부 사바나
슈트레제만까마귀 *Zavattariornis stresemanni* 32
아프리카야생당나귀 *Equus africanus* 32
이집트거북(클라인만거북) *Testudo kleinmanni* 33
중동뱀 *Telescopus hoogstraali* 33

중앙아시아 사막 스텝
야생쌍봉낙타 *Camelus ferus* 34
댕기물떼새 *Vanellus gregarius* 35
사이가산양 *Saiga tatarica* 35
콩과식물 *Ammopiptanthus nanus* 35

멕시코 열대 사막
팽이선인장 *Turbinicarpus hoferi* 36
브리턴로즈선인장 *Opuntia chaffeyi* 36
산퀸틴캥거루쥐 *Dipodomys gravipes* 37
실꾸리선인장 *Mammillaria albiflora* 37

북극 지대
시베리아황새 *Grus leucogeranus* 38
밴쿠버섬기니피그 *Marmota vancouverensis* 39
키틀리츠바다쇠오리 *Brachyramphus brevirostris* 39
북극펠트지의류 *Erioderma pedicellatum* 39

오세아니아 대륙
길버트쥐캥거루 *Potorous gilbertii* 40
만텔키위새 *Apteryx mantelli* 40
퀸즐랜드털코웜바트 *Lasiorhinus krefftii* 40
무지개풀 *Byblis gigantea* 41
세가락가시두더지 *Zaglossus bruijnii* 41

서유럽 산지
독수리 *Aegypius monachus* 42
갈색곰 *Ursus arctos* 43
아베롱흑란 *Ophrys aveyronensis* 43
방아벌레 *Ampedus quadrisignatus* 43

남유럽 암석 지대
살라만카도마뱀 *Iberolacerta martinezricai* 44
안달루시아마늘 *Allium rouyi* 44
에페이로스눈반점나비 *Pseudochazara cingovskii* 45

안데스 산맥
안데스의여왕 *Puya raimondii* 46
산악맥 *Tapirus pinchaque* 46
안데스고양이 *Leopardus jacobita* 47
긴꼬리친칠라 *Chinchilla lanigera* 47

3. 바다, 강, 그리고 물가에서 48

인도네시아 맹그로브 숲
대모거북 *Eretmochelys imbricata* 50
사과홍수 *Sonneratia griffithii* 50

중앙아메리카 맹그로브 숲
악어눈홍수 *Bruguiera hainesii* 51
가시꼬리이구아나 *Ctenosaura bakeri* 51
피그미너구리 *Procyon pygmaeus* 51

중국 민물
아무르표범 *Panthera pardus orientalis* 52
중국장수도롱뇽 *Andrias davidianus* 52
가는물부추 *Isoetes sinensis* 52
양쯔강돌고래 *Lipotes vexillifer* 53
대모잠자리 *Libellula angelina* 53

유럽 민물
유럽담비 *Mustela lutreola* 54
스펭글러민물홍합 *Margaritifera auricularia* 54
유럽뱀장어 *Anguilla anguilla* 55
하얀발가재 *Austropotamobius pallipes* 55

지중해
유럽몽크바다표범 *Monachus monachus* 56
천사상어 *Squatina squatina* 56
갈색농어 *Epinephelus marginatus* 56

흑해와 카스피 해
흑해큰돌고래 *Tursiops truncatus ponticus* 57
벨루가(큰철갑상어) *Huso huso* 57

대서양
안틸레스해우 *Trichechus manatus manatus* 58
대서양넙치 *Hippoglossus hippoglossus* 58
크니스나해마 *Hippocampus capensis* 58
북방긴수염고래 *Eubalaena glacialis* 59
큰귀상어 *Sphyrna mokarran* 59
참다랭이 *Thunnus thynnus* 59

인도양
실러캔스 *Latimeria chalumnae* 60
점박이부치 *Brachionichthys hirsutus* 60
긴머리매가오리 *Aetobatus flagellum* 61
혹머리놀래기 *Cheilinus undulatus* 61

카리브 해
작은이빨톱가오리 *Pristis pectinata* 62
사슴뿔산호 *Acropora cervicornis* 62
환형동물 *Mesonerilla prospera* 62

카리브 군도
플로리다보닛박쥐 *Eumops floridanus* 63
쿠바대롱니쥐 *Solenodon cubanus* 63
쿠바악어 *Crocodylus rhombifer* 63

4. 사바나, 프레리, 성긴 덤불에서 64

유럽 지중해 숲
시칠리아전나무 *Abies nebrodensis* 66
모리스무릇 *Scilla morrisii* 66
스페인스라소니 *Lynx pardinus* 67
키프로스풍뎅이 *Propomacrus cypriacus* 67

지중해 잡목 숲과 황무지
아조레스피리새 *Pyrrhula murina* 68
터키도롱뇽 *Lyciasalamandra billae* 68
시칠리아느릅나무 *Zelkoba sicula* 69
시칠리아느타리 *Pleurotus nebrodensis* 69

북아메리카 프레리
섬회색여우 *Urocyon littoralis* 70
프랭클린뒝벌 *Bombus franklini* 70
캔자스이끼 *Ozobryum ogalalense* 71
램지계곡표범개구리 *Lithobates subaquavocalis* 71

남아메리카 사바나와 프레리
남방안데스사슴 *Hippocamelus bisulcus* 72
태양앵무새 *Aratinga solstitialis* 72
히아신스마카우 *Anodorhynchus hyacinthinus* 73
노란홍관조 *Gubernatrix cristata* 73

남아프리카 덤불
강토끼 *Bunolagus monticularis* 74
거대화살통나무 *Aloe pillansii* 75
남아프리카소철 *Encephalartos latifrons* 75
검은코뿔소 *Diceros bicornis* 75

이란 구릉 지대
아시아치타 *Acinonyx jubatus venaticus* 76
카이저점박이영원 *Neurergus kaiseri* 77
페르시아사슴 *Dama mesopotamica* 77
붉은가슴기러기 *Branta ruficollis* 77

5. 내일의 지구는 어떠할까요? 78

이미 사라졌어요
여행비둘기 *Ectopistes migratorius* 80
도도새 *Raphus cucullatus* 80
크리팬지 *Viola cryana* 80
콰가얼룩말 *Equus quagga quagga* 81
큰바다쇠오리 *Pinguinus impennis* 81
일본늑대 *Canis lupus hodophilax* 81

우리가 구했어요!
몽고야생말 *Equus ferus przewalskii* 82
아메리카들소 *Bison bison* 83
수염수리 *Gypaetus barbatus* 83
탐발라코크나무 *Sideroxylon grandiflorum* 84
지중해포시도니아 *Posidonia oceanica* 84
대왕판다 *Ailuropoda melanoleuca* 85

지구에서 고통받는 사람들 86
해달 *Enhydra lutris* 90

찾아보기 91

멸종 위기종은 어떻게 확인하나요?

세계자연보호연맹(IUCN)은 환경 보호 관련 국제기구 가운데 가장 크고 오래된 단체예요. 1만 1,000명의 자원봉사자가 이 단체에서 일하며, 멸종 위기에 처한 동식물 목록을 작성하고 관련 나라에 해결책을 내놓아요. 또 IUCN은 3년마다 멸종 위기에 처한 종을 정리하여 '적색 목록'을 발행하는데요, 이 목록이 바로 전 세계 멸종 위기종을 알아보는 기준이 됩니다.

파란 별 지구를 지킬 사람, 어디 없나요?

마지막 고릴라들이 사는 아프리카 중심부 밀림에서부터
머나먼 아프리카의 난초와도 아름다움을 겨룰 만한 프랑스 덤불까지,
고릴라들에게서 남다른 사랑을 받는 가봉의 난초로부터 오스트레일리아의
초록 바다 밑을 걸어 다니는 놀라운 물고기 점박이부치까지,
이 책은 여러분을 매력적인 탐사 여행으로 초대합니다.

여행을 떠나기 위해 여권을 챙길 필요도 없어요. 여러분은 이 책
한 권만 있으면 인도에서 인도네시아까지, 열대림에서 사바나까지,
바닷가에서 사막까지…… 세계의 풍경을 훑어볼 수 있어요.
그런데 세계 일주를 하는 동안 여러분은 자연계의 수많은 신비뿐 아니라
생물 목록에서 완전히 지워질, 위기에 처한 종도 만나게 될 거예요.

실제로 여러분이 잘 아는 고릴라와 난초에게, 그리고 수많은 동식물에게 심각한
생존의 위협이 가해지고 있어요. 이들 하나하나는 서로 연결되어 있으며, 거대한
생명체를 이루는 데 꼭 필요한 고리에요. 지금 이들이 살아남을 마지막 기회는
이 책을 읽는 어린이부터 어른까지, 바로 우리들의 손에 달려 있답니다.

우리가 속해 있으며 의존하고 있는, 놀랍고 풍요로운 생물 다양성을
지킬 수 있다면, 우리 역시 조그만 파란 별 지구에서 앞으로도
오래오래 사는 행운을 누리게 될 거예요.

위베르 리브

ROC 연맹 회장, 천체물리학자
위베르 리브

■ ROC 연맹은 1976년 프랑스에서 창설된 국가 단체로, 야생 동물 보호와 관련된 일을 해요.

개체군이란 무슨 뜻이에요?

생물학에서는 식물이나 동물의 집단을 가리켜 '개체군'이라는 말을 써요. '개체'는 이러한 개체군을 이루는 하나의 구성원을 가리켜요.

열대림에서

열대림에는 우리가 상상하는 것보다 훨씬 많은 생명이 살아요. 지구에 사는 것으로 확인된 동식물 180만 종 가운데 절반 이상이 덥고 습한 열대림에 살고 있으며, 우리가 아직 모르는 동식물도 대부분 열대림에서 만날 수 있지요.

그런데 남아메리카와 아시아, 그리고 아프리카에 있는 이 귀중한 생물다양성의 중심부가 현재 심각하게 손상되고 있어요. 사람들이 열대림 곳곳을 훼손하고 약탈하기 때문이지요.
사업가들은 희귀한 나무들을 베어 버리거나 숲을 밀어 버리고, 그 자리에 훨씬 돈벌이가 잘되는 콩을 심어요. 따라서 지구에 사는 모든 생물에게 꼭 필요한 생태계가 파괴되지요. 이들은 꿀벌이나 벌새가 사라지는 것을 보고도 못 본 척하며, 맨눈으로는 보이지 않아도 숲 속에 존재하는 수많은 생물을 모르는 척합니다.

이미 동식물 수백 종이 열대림에서 완전히 사라졌으며, 이들은 대개 열대림에서만 살 수 있기 때문에 지구 상에서 완전히 사라졌어요. 그 밖에도 수천 종의 생물이 심각한 위험에 처해 있고요.
오랑우탄은 이러한 상황의 흐름을 바꿀 힘이 없어요. 그러나 우리는 그 흐름을 바꿀 수 있지요. 우리는 언제쯤 대기의 푸른 허파이자 생태계의 주요 피난처인 이 열대림을 구할 결심을 하게 될까요?

멸종 위기에 처한 종은 얼마나 돼요?

국제기구 IUCN에서 최근에 발표한 적색 목록에 따르면, 조사한 동식물 4만 7,677종 가운데 멸종 위기에 처한 종은 1만 7,291종에 이른다고 해요.

동식물의 이름은 왜 라틴어로 쓰나요?

종 분류를 전문으로 연구하는 학자들은(이런 사람들을 '분류학자'라고 해요) 전 세계 과학자들이 서로 이해할 수 있도록 종마다 라틴어로 된 단 하나의 이름을 붙여요. 이 이름은 그 식물이나 동물의 겉모습에 대한 정보를 담고 있을 때가 많아요.

숲올빼미 *Heteroglaux blewitti*

이 작은 야행성 올빼미는 인도 중심부에 있는 습하고 울창한 숲 속에서 볼 수 있어요. 그런데 티크와 같은 귀한 나무가 불법으로 베어지면서 숲올빼미가 사는 영역이 점점 줄어들고 있지요. 다시 말해, 숲올빼미가 먹이를 구하거나 같은 종끼리 만나 번식하기가 훨씬 어려워졌다는 뜻이에요. 결국 숲올빼미의 생존이 위태로운 상황이에요.

인도 열대림

피그미멧돼지 *Porcula salvania*

이 동물은 인도와 부탄 사이 국경 지대에서도 일부 지역에서만 볼 수 있어요. 키가 30센티미터 정도로, 오늘날 볼 수 있는 가장 작고 가장 희귀한 야생 멧돼지예요. 피그미멧돼지의 미래는 이 멧돼지가 사는 키 큰 풀이 자라는 풀밭과 밀접한 관계가 있어요. 그런데 이 풀밭은 지금 농업·공업·주거 지대로 바뀌고 있지요. 따라서 피그미멧돼지는 앞으로 완전히 멸종할 위기에 처해 있어요. 이러한 흐름을 뒤집기 위해 사람들은 피그미멧돼지를 길러서 복구된 자연환경 속에 다시 풀어놓고 있답니다.

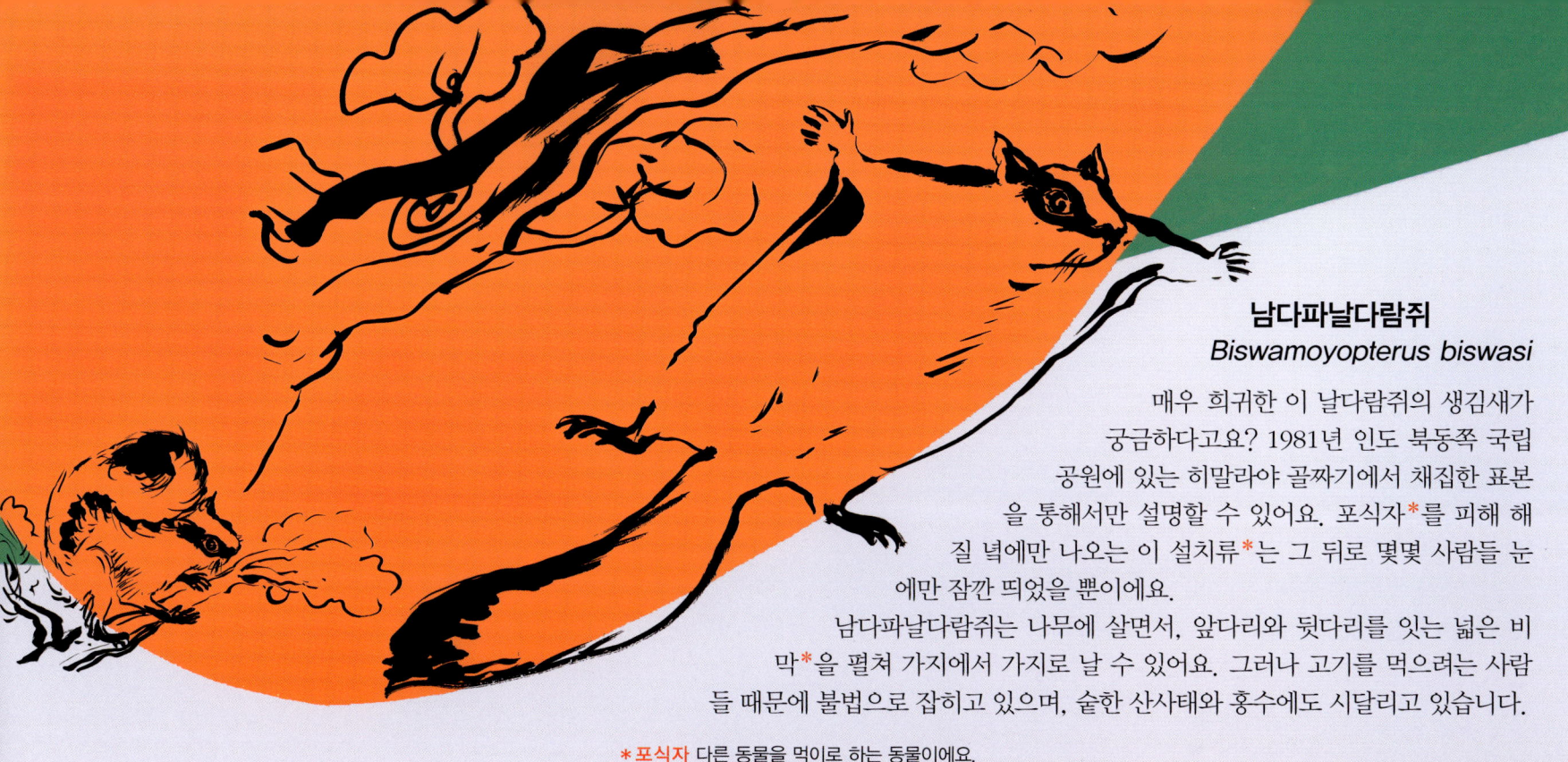

남다파날다람쥐
Biswamoyopterus biswasi

매우 희귀한 이 날다람쥐의 생김새가 궁금하다고요? 1981년 인도 북동쪽 국립공원에 있는 히말라야 골짜기에서 채집한 표본을 통해서만 설명할 수 있어요. 포식자*를 피해 해질 녘에만 나오는 이 설치류*는 그 뒤로 몇몇 사람들 눈에만 잠깐 띄었을 뿐이에요.

남다파날다람쥐는 나무에 살면서, 앞다리와 뒷다리를 잇는 넓은 비막*을 펼쳐 가지에서 가지로 날 수 있어요. 그러나 고기를 먹으려는 사람들 때문에 불법으로 잡히고 있으며, 숱한 산사태와 홍수에도 시달리고 있습니다.

*포식자 다른 동물을 먹이로 하는 동물이에요.
*설치류 포유강의 한 목을 이루는 동물군으로, 송곳니는 없고 앞니와 앞어금니 사이에 넓은 틈이 있어요.
*비막 박쥐나 하늘다람쥐같이 하늘을 나는 척추동물에게 있으며, 주로 앞다리, 몸쪽, 뒷다리에 걸쳐 쳐진 막이에요.

말라바사향고양이 *Viverra civettina*

옛날에 말라바사향고양이는 인도 남서쪽 바닷가의 좁은 늪지대에 살았어요. 오래전 멸종된 것으로 알았으나, 죽은 지 얼마 되지 않은 사향고양이 가죽이 1989년에 발견되면서 이 종이 다시 살아났어요. 오늘날 자연림은 완전히 캐슈나무* 농장이 되었고, 야행성 동물인 사향고양이는 농장 가장자리의 덤불에 갇혀 살게 되었지요. 현재 사람들이 이 지역에 집중적으로 고무나무를 심고 있어서, 말라바사향고양이는 또다시 살 곳이 줄어들 처지에 놓였답니다.

*캐슈나무 캐슈너트가 열리는 나무예요.

사파이어장식땅거미
Poecilotheria metallica

이 거미는 몸통 대부분과 다리가 선명한 파란색이라 다른 땅거미와 구별돼요. 그래서 수집가들에게 인기가 좋으며, 사람들은 서슴지 않고 이 거미를 잡아가지요. 사파이어장식땅거미는 지나친 개발로 줄어든 숲 한가운데 정해진 지역 안에만 살기 때문에 더욱 잡기 쉬워요. 이 거미는 100년도 넘는 옛날에 이미 사라진 것으로 알고 있었어요. 그런데 원래 서식지에서 100킬로미터 정도 떨어진, 인도 남동부의 숲 보호지역에서 다시 발견되었답니다. 그러니까 기차를 타고 이사한 것이지요! 실제로 통나무는 종종 철도로 운반되는데, 그 통나무에 거미들이 있었을 거예요.

유황앵무
Cacatua sulphurea

유황앵무는 노란 도가머리*에 파란 테두리가 있는 눈과 흰 털을 가졌어요. 예쁜 모습 탓에 수십 년 동안 잡혀 애완동물로 팔렸어요. 현재 유황앵무는 인도네시아 중심부에 있는 섬들과 동티모르뿐 아니라 홍콩에도 살아요. 몇몇 개체가 새 사육장에서 도망쳐 이곳으로 간 거예요.
유황앵무는 예전에는 흔한 새였지만 고작 20년 사이에 어떤 섬에서는 이미 멸종되었고, 어떤 섬에서는 멸종될 위기에 처해 있어요. 사람들이 숲을 농지로 바꾸면서 둥지를 틀던 나무를 빼앗겼기 때문이에요.

* **도가머리** 새의 머리에 길고 더부룩하게 난 털을 뜻해요.

수마트라오랑우탄 *Pongo abelii*

키나 몸집이 인간을 닮아서 오랑우탄이라는 이름이 붙었어요. 오랑우탄은 말레이어로 '숲 속의 사람'이라는 뜻이에요. 인도네시아 수마트라 섬 북부에서만 볼 수 있으며, 아시아에 살아 있는 유일한 대형 원숭이랍니다. 그리고 나무에 사는 포유류로는 세계에서 가장 커요. 이웃 보르네오 섬에 사는 비슷한 종들과 달리, 수마트라오랑우탄은 땅에 내려오는 일이 매우 드물답니다.
목재를 팔고 기름야자나무를 기르기 위해 열대림의 나무들이 베어지면서 오랑우탄은 심각한 위기에 처해 있어요. 밀렵 또한 큰 위협이 되지요. 해마다 수많은 어린 오랑우탄이 국제 시장에서 애완동물로 팔리고 있는데요. 어미 오랑우탄은 8년이 지나야 다시 새끼를 낳을 수 있으므로, 정상적인 세대교체가 이루어지기 어려워요. 최근 75년 사이에 이 개체군의 80퍼센트 이상이 이렇게 사라졌어요. 당장 방법을 찾지 않으면, 2020년에는 지구 상에서 오랑우탄이 사라질지도 모릅니다.

앤드루스군함조 *Fregata andrewsi*

이 새는 인도양에 있는 크리스마스 섬에 살아요. 군함조에 속하는 종이 다 그렇듯이 수컷은 목 아래 붉은 주머니가 있으며, 짝짓기 철에 이 주머니를 부풀려 암컷의 마음을 사로잡아요. 앤드루스군함조는 먹이를 찾아 수천 킬로미터를 돌아다니며, 2년에 한 마리의 새끼만 키울 수 있답니다. 그런데 사람들이 이동하면서 저도 모르게 '노랑미친개미(Anoplolepis gracilipes)'라는 무서운 포식자를 이 섬으로 들여왔어요. 이 개미는 둥지에 있는 새끼 군함조를 잡아먹기 때문에 원만한 세대교체를 방해하여 큰 위협이 되고 있어요. 또 2년도 안 되는 동안 육지에 사는 붉은 게 300만 마리가량을 몰살하기도 했지요.

탈라우드제도쿠스쿠스 *Ailurops melanotis*

쿠스쿠스는 인도네시아 상이헤 제도와 살리바부 제도의 원시림 속에 사는데요. 정확히 말하면 나무 꼭대기에 '임관'*이라 불리는 특별한 생태계 속에 살지요. 쿠스쿠스는 유대류*이므로 암컷은 새끼를 낳아서 배에 있는 주머니 속에 넣고 다녀요. 이 종은 매우 희귀한 데다가 집중적으로 사냥 되어 큰 위기에 처해 있답니다. 이미 인도네시아 법으로 보호받고 있지만, 무자비한 개발로부터 서식지를 더 잘 보호해야만 이 종이 살아남을 수 있어요.

＊**임관** 수종, 수령, 생육 상태 등이 내부에서는 거의 똑같고, 이웃한 것과는 삼림의 모양에 의해 분명히 구별되는 삼림을 '임분'이라고 하는데요. 이 임분을 구성하는 개개의 수목에서 가지와 잎이 달린 부분을 뜻해요.

＊**유대류** 4개의 다리가 있고 몸이 털로 덮인 척추동물을 말해요. 암컷은 대개 배 주머니를 가지고 있어 그 속에서 새끼를 키워요.

인도네시아 열대림

수마트라호랑이 *Panthera tigris sumatrae*

수마트라호랑이는 인도네시아 서부 수마트라 섬의 습한 열대림 속에서만 살아요. 아주 헤엄을 잘 쳐서 사냥감을 물에 빠뜨린 후 잡는 습관이 있어요. 호랑이가 살기 위해서는 개체마다 넓은 영역을 차지하고 사냥해야 해요. 그런데 사람들이 숲을 베어내고 아카시아와 기름야자를 심기 때문에 서식지가 줄어들었어요. 지금은 어린 호랑이 가운데 성년에 이르는 호랑이가 거의 없는데요. 사람에게 잡혀 장기가 불법 거래되어 한약 재료로 쓰이기 때문이에요. 또한, 호랑이가 자연 속 자기 영역에서 먹이를 구할 수 없어서 가축을 잡아먹으러 나오다가 사람들에게 잡히기도 합니다.

세부꽃새 *Dicaeum quadricolor*

필리핀 세부 섬의 숲은 심한 벌채를 겪었는데요, 이미 원시림의 99퍼센트가 파괴되었어요. 따라서 세부꽃새도 사라진 줄 알았으나, 남아 있는 작은 숲 지대에서 다시 발견되었지요. 그러나 필리핀꽃새와 경쟁하며 서식지를 나눠 가져야 하므로 여전히 멸종 위기랍니다. 따라서 밀렵과 불법 벌목을 막기 위해 삼림감시원들이 몇몇 지역을 순찰하는 가운데, 마침내 이 지역에 다시 나무를 심기 시작했답니다.

쿠프레이(캄보디아회색들소) *Bos Sauveli*

1939년 캄보디아 메콩강 연안과 라오스, 태국, 베트남 국경 근처에 흩어져 있는 숲 속에서 마지막 쿠프레이 떼가 목격되었어요. 섬유질 털 뭉치로 장식된 특이한 뿔을 팔거나 고기를 얻으려는 현지 주민에게 사냥을 당해, 이 들소는 이미 완전히 사라졌을지도 몰라요. 전 세계 동물원 가운데 쿠프레이가 있는 곳은 하나도 없으며, 프랑스 부르주 자연사 박물관에서만 박제된 표본을 볼 수 있습니다.

주름코뿔새 *Aceros waldeni*

주름코뿔새는 필리핀에 있는 두 개의 섬에 살아요. 중간 높이의 밀림에서 나무 위쪽 임관에 둥지 틀기를 좋아하지만, 때로는 빈터에 있는 외딴 나무에도 드나들지요. 주로 과일을 먹고 사는데, 무분별한 벌채 때문에 심각한 위기에 놓였어요. 게다가 사람들이 불법으로 둥지에서 암컷과 새끼를 잡아다가 먹거나 파는 것도 개체 수를 줄이는 원인이 됩니다. 이러한 밀렵을 막기 위해, 이 새가 둥지를 트는 지역을 전문 감시원들이 정기적으로 순찰합니다. 주름코뿔새는 이제 전 세계에 80쌍밖에 남지 않았어요.

만타나니베사르달팽이 *Opisthostoma jucundum*

이 달팽이는 육상 복족류*로, 말레이시아 만타나니 베사르 섬 북부 석회 절벽 위에 있는 열대림에 살아요. 매우 제한된 영역에 단 하나뿐인 개체군이 살기 때문에, 만약 서식지가 조금만 파괴되어도 매우 치명적일 수 있어요.

* **복족류** 연체동물에서 가장 큰 강(綱)이며, 7만 5,000여 종이 알려졌어요. 성체는 대부분 나사 모양으로 된 한 장의 껍데기를 가지며, 전복, 소라, 달팽이가 여기에 속해요.

동남아시아 열대림

라플레시아 *Rafflesia magnifica*

필리핀의 섬 하나에서도 단 하나의 산에서만 나는 이 꽃은 세계에서 가장 큰 꽃 중 하나예요. 지름이 60센티미터에 이르고 무게는 몇 킬로그램이나 나갈 수도 있답니다! 대개 오돌토돌한 작은 혹으로 덮여 있는 붉은색이며, 뿌리도, 줄기도, 잎도 없어요. 왜냐하면 기생 식물이니까요. 그물처럼 얽힌 섬유들이 다른 식물 속으로 뚫고 들어가 그 식물의 영양분을 빨아들이지요. 표본은 얼마 존재하지 않지만, 그 위치를 찾기는 아주 쉬워요. 바로 고약한 냄새 때문이지요! 이 꽃은 파리를 끌어들이기 위해 썩은 고기 냄새를 풍기는 것으로 유명해요. 파리들이 와서 꽃가루를 옮겨주어야 번식하니까요. 라플레시아는 보호 대상이 되지 못한 채, 도로 건설과 바나나 재배 때문에 위기에 처해 있어요. 지역 주민 역시 라플레시아가 기생하는 포도과 덩굴식물을 베어 버림으로써 이 꽃의 멸종을 부추기는 셈입니다.

아메시엘라(필리핀풍란)
Amesiella monticola

흰 꽃이 피는 이 작은 난초는 필리핀 루손 섬 열대림 가장자리의 고지대에서 볼 수 있어요. 그런데 서식지가 종이펄프용 목재 무역을 위한 삼림 벌채나 도시화 과정에 노출되어 있지요. 또 매우 희귀하며 관상용 화초로 인기가 좋아서, 사람들에게 뽑혀 팔려 나가고 있습니다.

세발가락나무늘보 *Bradypus torquatus*

이 동물은 늘보(느림보)라는 이름이 아주 잘 어울려요. 곡예를 하는 듯한 자세로 가지에 매달린 채, 때로는 머리를 아래로 하고 하루에 열다섯 시간 넘게 잠을 잡니다. 나무늘보의 신진대사는 다른 포유류보다 훨씬 느려서, 나뭇잎과 싹, 잔가지만 먹는데도 먹이를 소화하는 데 많은 시간이 필요하지요. 나무늘보는 기운을 아끼기 위해 한없이 느린 속도로 칡덩굴을 이동합니다. 그리고 좀처럼 땅으로 내려오지 않는데요, 팔로 기어 다니므로 공격받기 쉽기 때문이에요. 방어 수단이라고는 긴 발톱뿐이지요. 한편, 두툼한 털 속에는 수많은 작은 생물이 사는데, 좀, 진드기, 딱정벌레, 게다가 녹조류*까지 살아서 털이 청록색을 띠므로, 주변 식물 틈에서 감쪽같이 위장할 수 있어요. 나무늘보는 숲 개발은 물론, 사냥, 교통사고, 밀렵 등으로 위기에 놓였어요.

***녹조류** 엽록소를 가지고 있어 녹색을 띤 조류예요.

검은수염사키원숭이
Chiropotes satanas

이 원숭이의 학명* '키로포테스(Chiropotes)'는 그리스어로 '손으로 마시는 자'라는 뜻이에요. 실제로 멋진 검은 턱수염을 적시지 않고 손으로 물을 떠서 마시는 모습이 여러 번 목격되었어요. 약 30마리가 함께 무리지어 다니며 오랫동안 나무 열매를 찾아요. 또한, 망치를 써야 깰 수 있는 단단한 열매도 강한 턱을 써서 쉽게 깨지요. 그런데 이 원숭이가 사는 숲이 개발되어 풀밭으로 바뀌고 있어요. 그래서 밀렵꾼들에게 더 쉽게 잡힌답니다.

***학명** 학술적 편의를 위하여 동식물 따위에 붙이는 이름이에요.

멸종 위기에 처한 포유류는 그 수가 얼마나 되나요?

지구 상에는 5,000종이 넘는 포유류가 살고 있어요. 그 가운데 10퍼센트가 위험한 상태이며, 10퍼센트에 속하는 500여 종은 이미 멸종 위기에 처해 있습니다.

왕관독수리 *Harpyhaliaetus coronatus*

이 독수리는 날개폭이 2미터가 넘는 대형 맹금류*예요. 큰 나무나 험하고 좁은 골짜기의 꼭대기에 마른 가지로 넓은 난간을 짓고, 단 하나의 알을 낳아요. 볼리비아나 칠레의 숲이나 늪지대를 좋아하며, 그곳에서 작은 포유류나 뱀, 물고기, 때로는 새를 사냥하지요. 집약적 농업*과 살충제 사용으로 이 종은 위기에 처해 있어요. 과학자들은 왕관독수리에 대해 더 많이 알고 효과적으로 보호하기 위해, 몇 마리를 잡아 실시간으로 이동을 추적하는 위성 발신 장치를 달았습니다.

* **맹금류** 육식성 조류를 말하며, 매목과 올빼미목으로 나뉘어요.
* **집약적 농업** 많은 자본과 노동력을 들여 일정한 땅에서 가능한 한 생산력을 높이려는 농업 방식을 말해요.

파라나소나무
Araucaria angustifolia

브라질 최남단과 아르헨티나 북동부 사이에는 소나무 숲이 20만 제곱킬로미터에 걸쳐 있었어요. 그런데 이 드넓은 숲이 20세기에만 무려 97퍼센트가 줄어들었지요. 사람들은 긴 세월 동안 파라나소나무를 심지는 않고 베어다 쓰기만 하면서, 그 훌륭한 품질의 목재를 이용해서 가구나 종이는 물론 성냥까지 만들었답니다. 심지어 씨앗까지도 수확해서 먹는 바람에 자연적인 세대교체가 방해받고 있어요. 브라질에서는 환경 단체들이 나서서 이 소나무의 이용 금지 조치를 얻어냈습니다.

남아메리카 밀림

아마존 밀림

레만독개구리 *Oophaga lehmanni*

길이가 4센티미터도 되지 않는 레만독개구리는 콜롬비아의 두 지역에서 발견되었어요. 독이 있는 곤충을 먹고 살며, 그 독으로 훨씬 강력한 독성 물질을 만들어 피부에서 분비해요. 그래서 지역민들은 사냥에 나가기 전, 이 개구리의 독을 화살촉에 바릅니다. 레만독개구리는 선명한 노랑색이나 주황 혹은 빨강 줄무늬를 가져 자신을 보호하는데요. 포식자들은 지나치게 색깔이 화려한 개구리는 맹독이 있는 것으로 알고 조심한답니다. 그래서 개구리 가운데 어떤 종은 독도 없으면서 매우 선명한 색깔로 위장하지요. 레만독개구리의 올챙이는 육식이므로 부모는 태어나자마자 등에 업어 옮겨서 서로 떼어놓아요. 그런데도 이 종의 수는 나날이 줄어들고 있어요. 서식지가 계속 파괴되고, 밀매업자들이 이 개구리를 잡아다가 수집가들에게 팔아넘기기 때문이에요.

초록잉카벌새 *Coeligena orina*

이 작은 새는 콜롬비아 북서부에 자리한 고지대 숲에 살아요. 이 새는 날면서 제자리에 떠 있을 수 있으며, 뒤로도 날 수 있답니다! 초록잉카벌새는 서식지 파괴로 심각한 위기에 처했고, 지금은 멸종을 앞두고 있답니다.

노랑귀앵무 *Ognorhynchus icterotis*

초록, 노랑, 빨강 깃털을 가진 노랑귀앵무는 콜롬비아 안데스 산맥과 에콰도르 북부 열대림의 밀랍야자나무 꼭대기에 둥지를 틀어요. 이 작은 앵무는 가축 떼 때문에 멸종 위기에 처해 있는데요, 가축들이 밀랍야자나무의 어린싹을 뜯어먹어서 번식에 꼭 필요한 이 나무의 순조로운 세대교체를 방해하기 때문이지요.

흰머리타마린원숭이 *Saguinus oedipus*

콜롬비아 북서부에 사는 흰머리타마린원숭이는 작은 몸집과 다람쥐처럼 나무를 오를 수 있는 발톱이 특징이에요. 또, 휘파람 소리, 짹짹 소리, 비명 등 38가지 소리를 조합할 수 있으므로, 매우 다양한 방법으로 의사소통합니다. 그러나 남아메리카에서 가장 심각한 위기에 처해 있는 영장류 가운데 하나예요. 타마린원숭이는 한 집단에서 지배자 암컷 한 마리만이 새끼를 낳으며 새끼들은 대부분 이란성 쌍둥이로, 무리 전체가 다 함께 기릅니다. 이처럼 새끼 원숭이를 보호하고 있으나, 이미 서식지의 4분의 3이 농지로 변한 상태랍니다.

CITES가 무슨 뜻이에요?

1975년부터 멸종 위기에 처한 야생 동식물종의 국제거래에 관한 협약(Convention on International Trade in Endangered Species of Wild Flora and Fauna), 즉 CITES가 발효되었어요. 이 협약은 살아 있는 동식물 거래는 물론 모피, 등딱지, 말린 허브 등 모든 종류의 불법 거래로부터 3만 종의 동식물을 보호하지요. 현재 175개국이 이 협약을 존중하기로 약속했습니다.

아프리카 열대림

케냐흰난초 *Afrothismia baerae*

이 난초를 보려면 운이 좋아야 해요. 개체군이 전 세계에 단 하나뿐이고, 1제곱미터도 안 되는 조그만 지역에만 있기 때문이지요. 게다가 이 조그마한 난초는 1년에 단 한 달, 꽃 피는 시기에만 볼 수 있어요. 케냐 국립보호구역 한가운데 있지만, 멸종 위기에 처해 있는 어떤 나무의 불법 벌채 때문에 이 난초 역시 멸종 위기에 놓였습니다.

카메룬노란오렌지색난초 *Ossiculum aurantiacum*

이 난초는 카메룬 문고 강가의 숲 보호지역에 살아요. 이 식물을 보려면 고개를 들어야 하는데요, 나뭇가지 위에서 자라기 때문이지요. 하지만 나뭇가지를 버팀목으로 사용할 뿐, 나무에서 양분을 끌어오지는 않아요. 양분은 공기와 빗물에서 얻는데, 이와 같은 식물을 '착생 식물'이라고 해요. 강을 따라 도로가 건설되면서, 이 기름진 땅에 농부들이 불법으로 정착하기가 매우 쉬워졌어요. 따라서 1980년 이래로 관찰된 적이 없는 이 종에 대한 위협은 더욱 심각해졌답니다. 과연 이 연약한 난초는 아직 살아남아 있을까요?

> **야생 난초가 멸종되더라도 원예사가 기르는 난초가 있지 않나요?**
>
> 많은 야생 난초가 멸종 위기에 처해 있어도, 원예사들이 기르는 난초는 잘 자랍니다. 그렇지만 사람이 선택하여 새로운 환경에 적응시킴으로써 본래의 조상에게서 멀어진 동식물은 야생종과 잘 구별해야 합니다. 사람에게 길든 동식물은 상품화되기 위해 사육되거나 재배된 형태이므로, 자연 상태에서 살아남기 어려우니까요.

쿠페노란난초 *Polystachya kupensis*

이 종의 유일한 표본은 카메룬 쿠페 산에 있는 야생 커피나무 가지에서 관찰되었어요. 이 지역에는 수많은 커피나무가 재배되지만, 그 나무에서 쿠페노란난초가 자라지는 않았지요. 커피 농장에서는 생산을 늘리고자 커피나무에 나는 식물을 모조리 없애 버리기 때문에, 이 난초가 살아남기 어려웠을 거예요.

비단시파카 Propithecus candidus

비단 같은 긴 흰 털이 특징인 시파카는 위험을 알리는 비명을 내서 이런 이름이 붙었다고 해요. 세계에서 멸종 위험이 가장 큰 영장류 가운데 하나로, 마다가스카르 북동부 습도 높은 숲 한가운데 마지막 개체군이 남아 있어요. 몸집이 큰 이 여우원숭이는 2~9마리가 작은 무리를 지어 살며, 놀이나 몸단장 등 사회적 행동에 많은 시간을 들이곤 하지요. 또한, 70가지가 넘는 식물의 나뭇잎이나 덩굴을 먹고 살아요. 현재 서식지가 줄어들고 있으며, 고기를 원하는 사람에게 사냥 당하고 있습니다.

베르트부인쥐여우원숭이
Microcebus berthae

쥐여우원숭이는 몸길이가 평균 92밀리미터인 세계에서 가장 작은 영장류로, 마다가스카르 서부 메나베 지역 건조한 숲 속에서 볼 수 있지요. 매우 큰 눈을 가지고 있으며, 밤눈이 아주 밝답니다. 밤에는 날쌔게 이동하며 먹이를 찾고, 새벽이 되면 포식자를 피해 수풀 속에 숨어요. 이 종에게 가장 큰 위협은 숲을 불법으로 개발하는 것과 화전 농법*으로 서식지를 잃는 것입니다. 화전 농법은 숲뿐 아니라 토양의 풍부한 양분도 파괴하지요.

*화전 농법 주로 산간 지대에서 풀과 나무를 불살라 버리고 그 자리를 파 일구어 농사를 짓는 전통적인 방법이에요.

무지개개구리 Scaphiophryne gottlebei

마다가스카르 개구리 가운데 가장 화려한 이 종은 빨강, 노랑, 초록, 검정 등 다양한 무늬로 장식되어 '무지개'라는 이름이 붙었어요. 마다가스카르 섬 남부, 이살로 산악지대의 좁고 습한 골짜기에서 만날 수 있지요. 무지개개구리는 포식자의 공격을 피해 뒷다리로 부드러운 땅을 파서 숨거나, 절벽을 수직으로 타고 올라가 구멍 속에 피하기도 해요. 이 개구리는 수집가들이 많이 찾는데다가 생활 환경의 파괴로 시달리고 있답니다.

식물 하나가 간절해질 수도 있을까요?

식물종 하나가 사라지면 생태계가 불안정해질 뿐 아니라, 사람을 비롯한 나머지 생물계 전체는 세상에 하나밖에 없는 물질을 잃는 것일지도 모릅니다. 예를 들어, 여러해살이풀인 버들옷에서는 무사마귀나 피부병, 호흡기 질병의 치료제를 얻고 있어요.

데이도마뱀붙이(청록꼬리도마뱀붙이)
Phelsuma antanosy

이 작은 파충류는 마다가스카르 남동부 숲에서 맨 처음 자라났지만, 이곳에도 이제 두 무리밖에 남지 않았어요. 등은 연두색, 꼬리는 청록색이고, 머리와 몸통에 붉은 가로줄이 있는데요, 이 선명한 색깔은 개체들을 서로 구분하고 다채로운 꽃 속에서 위장하는 데 도움이 되지요. 다른 도마뱀붙이들처럼 발바닥이 미세한 얇은 판들로 덮여 쿠션을 이루어서, 대나무 줄기 같은 매끄러운 수직면도 잘 올라갑니다. 이 종이 특히 위기에 처한 이유는, 티타늄* 철광 개발로 이들이 사는 두 숲의 크기가 꾸준히 줄어들고 있기 때문이에요.

*티타늄 항공기, 무기, 자동차 제조에 쓰이는 귀한 금속이에요.

마다가스카르 숲

그랑디디에몽구스(큰줄무늬몽구스)
Galidictis grandidieri

이 종은 마다가스카르 남서부 숲 가장자리와 떨기나무* 숲이나 가시덤불 속, 혹은 건조한 열대 환경에 살아요. 육식성 포유류로, 털북숭이 긴 꼬리와 등 위에 검은 세로줄 여덟 개가 있어 눈에 띄지요. 낮에는 더위를 피해 땅굴이나 석회암 구멍 속에서 잠을 자고 밤에 사냥하며, 대개 짝을 지어 생활해요. 그랑디디에몽구스가 사는 환경 중 일부는 사람이 살기 어려워서 파괴를 면하고 있으나, 나머지 서식지는 점점 목초지와 옥수수밭으로 변하고 있답니다.

*떨기나무 키가 작고 원줄기와 가지의 구별이 분명하지 않으며 밑동에서 가지를 많이 치는 나무로, 무궁화, 진달래 등이 있어요.

포르도팽버들옷 *Euphorbia francoisii*

마다가스카르 남서부에 자리한 포르도팽 근처에서 이 버들옷의 두 품종에 대한 정보가 수집되었어요. 이 지역 변두리 덤불에서는 흔한 식물이지만, 숯 제조와 잦은 화재로 서식지가 파괴되어 심각한 위기에 처해 있어요.

침팬지 Pan troglodytes

침팬지는 적도 아프리카 21개국에 있는 습하거나 건조한 열대림 속에 살아요. 서식지는 매우 넓지만, 뿔뿔이 흩어져 있지요. 침팬지는 5마리에서 150마리까지 사회를 이루어 사는데요, 낮에는 작은 무리를 지어 먹이를 찾아 떠났다가, 날이 저물고서야 다시 만나 먹이를 나누어요. 그리고 저마다 나뭇가지 사이에 지은 둥지에서 밤을 보내지요. 침팬지는 수많은 복잡한 도구를 사용해요. 예를 들어, 시에라리온에서는 잔가지로 만든 샌들을 신은 침팬지들의 모습이 발견되었답니다! 이 기발한 재주 덕분에 줄기가 가시로 덮인 케이폭나무에 다치지 않고 올라가서 열매를 따는 거예요. 하지만 어린 침팬지는 애완동물로 거래되고 있으며, 광산 자원 개발을 위한 도로가 생기고 에볼라 출혈열 같은 신종 질병이 나타나 살아남기가 점점 어려워지고 있어요.

아프리카 고지 열대림

산고릴라 Gorilla beringei beringei

산고릴라는 고릴라 중에 가장 크며, 가장 심각한 위기에 처해 있어요. 두 개체군이 남아 있는데, 하나는 르완다, 우간다, 콩고 민주공화국의 국경을 이루는 비룽가 화산지대 비탈에, 다른 하나는 우간다 브윈디 국립공원 안에 있답니다. 산고릴라는 사회적 동물이라 평균 10여 마리가 무리를 이루어 살고, 어른 수컷 한 마리가 무리를 지배하지요. 성년이 되면 등에 잿빛 털이 나기 때문에 '은빛 등'이라고 불려요. 위험을 느꼈을 때는 인상적인 방식으로 가슴을 두드리지만, 사실 매우 온화한 초식동물이에요. 이 영장류는 현재 수많은 위협을 받고 있어요. 고릴라의 머리와 손이 행운을 가져온다고 믿는 사람들 때문에 사냥을 당하며, 고기로 팔리기도 하지요. 또한, 불안한 정치로 나라 안에서 일어나는 싸움에 희생되며, 독감과 같은 병에 걸리기도 해요. 튼튼한 겉모습만 보고 안심하지 마세요. 산고릴라는 이제 지구 상에 약 700마리 정도밖에 남지 않았답니다.

공원 안에서는 산고릴라가 안전할까요?
오늘날 산고릴라 대부분은 콩고에서 가장 오래된 비룽가 국립공원 같은 곳에서 살아요. 이곳의 동물들은 철저하게 보호될 것 같지만, 불행히도 고릴라는 밀렵으로부터 안전하지 못해요.

터너에레모멜라 *Eremomela turneri*

터너에레모멜라의 두 아종*은 케냐 서부와 콩고, 우간다 남서부에 살아요. 연회색 등과 붉은 이마를 가진 이 연작류*는 작은 무리를 지어 이동하고, 그 지역에서 되도록 큰 나무에 둥지를 틀지요. 그러나 숯 생산을 위한 숲 개발 때문에 서식지가 파괴되고 있어요.

*아종 종의 하위단계로, 같은 종 중에서 주로 지역적으로 일정한 차이를 가지는 집단이 인정될 때 사용해요.
*연작류 조류의 목 중 가장 많은 종을 포함하며, 5,000여 종 이상이 전 세계에 널리 분포하고 있어요.

우삼바라일랑일랑
Uvariopsis bisexualis

이 나무는 향수 재료로 자주 쓰이는 일랑일랑과 같은 과에 속하며, 탄자니아 우삼바라 산맥과 우드중과 산맥의 젖은 비탈에서만 볼 수 있어요. 이 지역에서 식물 2,500종이 기록되었는데, 그 가운데 150종 이상이 독특한 의학적 효과가 있다고 해요.

산과 사막, 건조한 땅에서

추위나 더위, 초원이나 사막의 건조한 날씨도 생명을 꺾지는 못해요. 과학자들은 박테리아가 섭씨 170도에서 살 수 있음을 발견했어요. 게다가 어떤 미세한 동식물 종들은 영하 50도에서도 살아남을 수 있답니다.

생물다양성에 관해 이야기하면 대개 화려한 생물들이 사는 열대 지방을 생각하지요. 그러나 더 열악한 환경 속에도 수많은 종이 살고 있으며, 위험에 처해 있어요. 눈에 잘 띄지 않아 흔히 무시되는 동식물군이지만, 이들이 속한 생태계가 살아남기 위해서는 꼭 필요하답니다.

이를테면 작은 영양인 사이가산양은 별로 이야깃거리가 되지 않아요. 그런데 20년 전만 해도 중앙아시아 스텝(러시아와 아시아의 중위도에 있는 온대 초원 지대로, 건기에는 불모지, 우기에는 푸른 들로 변해요.) 초원에 사이가산양 100만 마리 이상이 돌아다녔어요. 지금은 겨우 몇만 마리밖에 남지 않았지만요. 이처럼 하나의 종이 약해지면 갑작스러운 외부 요소 하나도 이 종에게는 재앙이 될 수 있어요. 2010년에는 한 질병으로 사이가산양 1만 2,000마리가 목숨을 잃었는데, 이것은 그때까지 카자흐스탄에 남아 있던 수의 절반이에요. 사람들은 이 일에 대해 별로 심각하게 생각하지 않았어요. 하지만 사이가산양이 없다면 스텝 초원과 그곳에 사는 사람들이 지금처럼 지낼 수 있을까요?

슈트레제만까마귀
Zavattariornis stresemanni

이 까마귀는 아라비아고무나무가 흩어져 있는 에티오피아 남부 사바나만 좋아해요. 이 지역 목축업자들은 가축에게 먹일 풀밭을 유지하려고 지나치게 밀려드는 덤불과 관목을 태워가며 이 영역을 보전했지요. 그러나 이 관습은 점점 사라지고, 사바나는 점점 덤불로 뒤덮여 까마귀가 살아가기 어려워졌어요.

아프리카야생당나귀 *Equus africanus*

이 종은 가축으로 기르는 당나귀의 조상이며, 아프리카 동부, 에리트레아, 에티오피아, 소말리아의 건조한 사바나와 가시덤불 속에 살아요. 그러나 사람들이 이 동물의 고기를 즐겨 먹고 전통 약의 재료로 쓰기 위해 사냥하는 바람에, 현재 겨우 몇백 마리밖에 남지 않았어요. 그리고 야생당나귀는 길든 당나귀와 교배할 수 있는데요, 이 때문에 개체 수가 줄어들기도 하지요. 실제로 야생 암탕나귀가 길든 수탕나귀를 만나 태어나는 새끼 당나귀는 잡종이 되어 양쪽 부모의 특징을 물려받게 되고, 그러면 이 당나귀는 더는 야생당나귀가 아닙니다.
또한, 건조한 지역에서 물과 목초지를 두고 가축과 경쟁하며 사는 환경도 위협이 됩니다.

이집트거북(클라인만거북) *Testudo kleinmanni*

이 작은 육지거북은 이제 리비아에서만 볼 수 있어요. 등딱지 색깔이 밝아서 사막의 태양을 견디며, 위장도 가능해요. 겨우 3세대* 만에 이집트거북의 개체 수가 85퍼센트나 줄었는데요, 농업·공업·주거 지대가 늘어나면서 거북이가 사는 영역을 조금씩 갉아먹었기 때문이에요. 또한, 수집가들에게 잡혀서 대규모 불법 거래에 희생되고 있어요. 이집트거북은 15~20세가 된 뒤에야 알을 낳는데, 1년에 10여 개밖에 낳지 못하므로 이러한 불법 포획은 정말 큰 위협이 됩니다.

*세대 한 생물이 생겨나서 생존을 끝마칠 때까지의 기간을 말해요.

아프리카 북동부 사바나

중동뱀
Telescopus hoogstraali

중동뱀은 이집트, 이스라엘, 요르단, 팔레스타인의 사막성 스텝 자갈밭 속에서 볼 수 있어요. 그러나 도시가 확대되면서 자갈밭과 비탈이 점점 줄어들고 흩어져서, 결국 멸종 위기에 처했습니다.

야생쌍봉낙타 *Camelus ferus*

아직도 중국과 몽골의 고비 사막에는 야생 낙타가 살고 있으나, 그 수는 1,000마리도 안 돼요. 풍성하고 두툼한 털이 추위와 더위를 막아 주고 혹 안에 영양분을 저장할 수 있기 때문에, 특히 사막의 혹독한 생활 환경에 잘 적응하지요. 고비 사막은 겨울철 영하 25도부터 여름철 35도까지 큰 폭으로 기온이 오르내리는 데다 먹이도 귀하답니다. 환경에 독이 되는 불법 광산 개발과 가스관 설치로 야생쌍봉낙타는 서식지 파괴에 시달리고 있어요. 사람들은 고기를 얻기 위해, 또는 그저 사냥을 즐기기 위해 낙타를 죽입니다. 그리고 고비 사막은 점점 건조화가 심해지고 있어서 동물들이 물을 마실 수 있는 오아시스도 귀해졌어요. 그래서 몇몇 샘에 모여든 늑대들이 낙타를 쫓아 버립니다.
아프리카야생당나귀(32쪽)와 마찬가지로, 야생낙타가 가축이 된 비슷한 종과 만나 새끼를 낳는 것도 이 종의 개체 수를 줄이는 결정적 원인 가운데 하나입니다.

중앙아시아 사막 스텝

종에도 신분증이 있다고요?

모든 생명체는 고유한 유전 형질을 가지고 있고, 그 유전 정보는 DNA에 기록되어 있어요. 그리고 DNA 유전자가 그 종의 물리적 특징을 결정합니다. 같은 종에 속하는 각 개체의 유전 형질은 매우 비슷한데요, 이 유전 형질이 바로 그 종의 신분증이라고 할 수 있어요.

댕기물떼새 Vanellus gregarius

댕기물떼새는 섭금류*에 속하는 철새로, 키가 30센티미터 정도예요. 카자흐스탄과 러시아 남부 사막 같은 건조한 스텝에서 염전 근처에 둥지를 틀었다가, 긴 여행을 떠나곤 하지요. 중앙아시아와 중동을 가로질러 이스라엘, 에리트레아, 수단, 또는 인도 북서부에서 겨울을 나는데, 언제나 건조한 지역을 좋아해요. 50여 년 전, 카자흐스탄과 러시아에서는 얼음장 같은 바람에서 농토를 보호하기 위해 넓은 범위에 나무를 심었어요. 그러자 이 나무에 둥지를 트는 떼까마귀 개체군이 급격히 늘어났는데, 이 까마귀는 댕기물떼새의 알을 먹고 새끼까지 잡아먹었지요. 떼까마귀에 맞서다 보니 공동생활을 하는 댕기물떼새 집단도 점점 줄어서, 함께 새끼들을 지키지 못하고 있어요.

*섭금류 다리, 목, 부리가 모두 길어서 물속에 있는 물고기나 벌레 따위를 잡아먹는 새의 부류예요.

사이가산양 Saiga tatarica

'사이가'는 러시아어로 '영양'이라는 뜻이에요. 이 산양은 현재 러시아, 몽골, 카자흐스탄의 몇몇 스텝에만 남아 있지만, 옛날에는 유라시아 지역 전체에서 매우 흔한 동물이었어요. 또, 구석기 시대에 이미 매머드와 함께 살았는데, 1만여 년 전 서유럽에서는 선사시대 사람들이 사이가산양을 사냥하며 동굴 벽에 그림을 남겼어요. 이 산양은 길고 유연한 코 덕분에 차가운 공기를 덥히고 공기 중의 먼지를 걸러내며, 겨울에는 털이 흰색을 띠어 포식자, 특히 늑대의 눈을 잘 피할 수 있어요. 시속 80킬로미터로 달릴 수 있는 빠른 발 역시 좋은 방어 수단이지요!
한편, 물결 모양의 뿔은 길게는 30센티미터까지 자라는데, 중국에서 전통 약재로 쓰기 위해 밀렵하는 바람에 생존이 위태로워졌답니다. 최근 10년 만에 사이가산양의 개체군은 80퍼센트 넘게 줄어들었어요. 절반을 차지해야 할 수컷이 사냥 때문에 10퍼센트도 남지 않자, 태어나는 새끼 수도 엄청나게 줄었어요. 여기에다가 사이가산양이 이동하는 길이 파괴된 것도 심각한 문제예요. 이 작은 영양들은 먹이를 찾아 몇백 킬로미터나 쉬지 않고 스텝을 달려가는 습관이 있지만, 가스와 석유 개발로 지금은 이런 풍경을 보기 어렵답니다.

콩과식물 Ammopiptanthus nanus

이 작은 떨기나무가 자라는 카자흐스탄 사막은 겨울에 무려 영하 30도까지 기온이 내려가요. 시베리아의 바람에 맞서 살아남기 위해, 콩과식물은 동결을 막는 단백질을 합성하여 잎을 보호하지요. 금작화와 같이 콩과에 속하는 이 식물은 성장이 느린 데다, 땔감으로 사용되면서 종을 유지하기 어려워졌어요. 게다가 탄광 개발로 서식지가 훼손되고 있어서 어린 개체가 매우 드물답니다.

팽이선인장 Turbinicarpus hoferi

선인장은 형태가 독특하고 종류도 2,500여 종으로 다양해서 식물 애호가들에게 인기가 많아요. 그리고 모두 원산지가 아메리카 대륙이랍니다. 단 한 개의 꽃만 피는 지름 5센티미터의 팽이선인장은 팽이(turbini) 모양 열매(carpus)에서 그 학명을 따왔어요. 가장 건조한 시기에는 뿌리에 의지해 땅바닥에 잔뜩 움츠러든 채로 햇살을 피해요. 그리고 가시로 동물을 쫓아버리고 이슬을 모으지요.
그런데 수집가들이나 양심적이지 않은 판매자들이 지나치게 많은 선인장을 채취했어요. 팽이선인장도 불법 수집을 피하지 못해서, 현재 1제곱킬로미터밖에 되지 않는 반 사막화된 멕시코 암석 지대에 1,000개체도 살지 않는답니다. 뒤늦게나마 지구 상의 모든 선인장은 CITES에 의해 보호를 받고 있어요.

멕시코 열대 사막

브리턴로즈선인장 Opuntia chaffeyi

이 선인장은 고작 1,000개체밖에 남지 않았어요. 농업 확대와 가축의 지나친 집중 방목으로 서식지가 몹시 훼손되었거든요. 유전적으로 가까운 종으로는 바바리아무화과선인장이 있는데, 이 선인장은 지중해 환경에 적응했고 열매는 식용으로 쓰여요.
오스트레일리아에도 아메리카 대륙의 오푼티아선인장(Opuntia)이 도입되었으나, 너무 잘 자라는 바람에 오히려 생태계에 위협이 되고 말았어요! 그래서 1920년대에는 오푼티아선인장을 먹는 선인장 나방(Cactoblastis cactorum) 애벌레를 아르헨티나에서 사와야만 했지요. 다른 선인장 종류들도 그렇듯이, 오푼티아선인장도 항생제와 항암제로 사용되는 '알칼로이드'라는 물질을 함유하고 있답니다.

산퀸틴캥거루쥐 *Dipodomys gravipes*

멕시코에 사는 이 작은 쥐는 지면에서 2미터 이상 뛰어오를 수 있어서 '캥거루쥐'라는 이름이 붙었어요. 하지만 오스트레일리아의 캥거루와는 아무 관계도 아니랍니다. 산퀸틴캥거루쥐는 더운 사막 생활에 잘 적응해서 서늘한 흙이 나올 때까지 매우 깊게 굴을 파 놓고, 공기가 덜 건조한 밤이 되면 굴에서 나와요. 낮에는 더위를 피해 굴속에서 지내는데, 굴속 공기는 쥐가 내쉬는 숨으로 축축해져요. 그러면 굴에 저장해 둔 낟알*들이 그 습기를 흡수하고, 캥거루쥐는 그 낟알을 먹어서 잃었던 수분을 되찾지요. 또한, 사람보다 4배나 효과적인 콩팥을 갖고 있어서 오줌을 농축시켜 몸 안의 수분을 절약한답니다. 그래서 거의 물을 마실 필요가 없어요. 산퀸틴캥거루쥐는 선인장 틈에서 살기를 좋아하지만, 겨우 20년 만에 서식지가 농지로 바뀌면서 완전히 파괴되었어요.

* **낟알** 껍질을 벗기지 아니한 곡식의 알이에요.

실꾸리선인장 *Mammillaria albiflora*

'마밀라리아(mammillaria)'는 '젖가슴'이라는 의미의 라틴어 '마마(mamma)'에서 온 것으로 이 식물을 뒤덮고 있는 조그만 돌기들을 가리키며, '알비플로라(albiflora)'는 꽃이 흰색임을 나타내요. 또 이 선인장은 북슬북슬한 하얀 솜털로 덮여 있어서 '실꾸리선인장'이라는 별명이 붙었어요. 이 솜털은 단열 효과가 있어서 수분이 증발하는 것을 막아 줍니다. 이처럼 아주 건조한 환경에서 사는 '건생식물'은 여러 가지 적응 방법을 갖고 있어요. 예를 들면, 더위가 덜한 밤에만 숨을 쉬거나, 두툼한 줄기나 뿌리에 물을 저장하기도 해요. 그러나 실꾸리선인장은 수집가들 때문에 20년 만에 그 수가 절반으로 줄었답니다.

북극 지대

시베리아황새 *Grus leucogeranus*

이 황새는 극지방에 있는 러시아 타이가와 툰드라에 둥지를 틀고 중국 양쯔 강 연안의 습지에서 겨울을 나며, 키는 약 1미터 40센티예요.
시베리아황새가 찾는 늪지가 조금씩 사라졌는데, 특히 양쯔 강에 싼샤 댐이 건설되었기 때문이지요. 이 댐은 세계에서 가장 큰 수력발전소로 길이가 2킬로미터가 넘어요. 싼샤 댐을 건설할 때 주민 1,400만 명 이상이 이주해야 했고, 600제곱킬로미터가 넘는 대지와 숲이 물에 잠겼어요. 또한, 댐에 막힌 물이 몇몇 습지를 삼켰고 강줄기가 변했으며, 남아 있는 습지도 점점 말라가고 있어요. 즉, 생태계가 큰 혼란에 빠진 거예요. 그 때문에 겨울에 먹는 늪지 식물을 찾기 어려워졌고, 시베리아황새를 비롯한 동식물 수백 종이 피해를 입고 있어요.

우리 눈에 보이지 않는 생물도 있나요?

생명의 신호는 때때로 맨눈으로는 보이지 않아요. 하지만 전자현미경으로 박테리아와 같은 미생물 수백만 종을 자세히 관찰할 수 있어요. 작은 화분 하나에 들어가는 고작 1킬로그램의 흙 속에 약 1만 5,000종의 다양한 미생물이 사는데, 종마다 수천 개의 독립된 생명체가 나타납니다! 이 미생물들은 소화 과정에 꼭 필요하며, 우리 몸속에는 이러한 박테리아와 미세한 동식물이나 균류*가 적어도 3~4킬로그램은 들어 있다고 해요. 이 귀중한 미생물의 다양성 또한 우리가 지켜야겠지요?

***균류** 광합성을 하지 않는 하등 식물을 통틀어 이르는 말이에요.

밴쿠버섬기니피그 *Marmota vancouverensis*

이 기니피그는 큰 덩치와 초콜릿색 털, 그리고 이마와 주둥이, 배에 있는 흰 점 때문에 다른 종들과 구별돼요. 이름처럼 캐나다 밴쿠버 섬 고산 초원에 사는데, 혹독한 겨울에 살아남기 위해 약 200일 동안 굴속에서 지내면서 여름 동안 몸에 저장한 지방에서 에너지를 끌어와요.

밴쿠버섬기니피그는 이들이 사는 초원에 이웃한 침엽수림 개발로 큰 피해를 보고 있어요. 나무가 충분한 크기까지 자라면 사람들은 숲 전체를 베어 평평하게 하거든요. 그러면 새로운 무리를 이루고 살 곳을 찾던 젊은 기니피그들이 거기에 자리를 잡아요. 그러나 나무가 자라면 기니피그에게 전혀 맞지 않는 환경이 되지요. 초원에서는 바위 위에 올라가 망을 보다 포식자가 나타나면 휘파람 소리로 위험을 알리지만, 숲 속에서는 시야가 좁아져서 늑대, 퓨마, 황제독수리에게 손쉽게 잡아먹힙니다.

키틀리츠바다쇠오리
Brachyramphus brevirostris

펭귄이나 바다오리와 같은 과인 이 바닷새는 베링해 연안의 시베리아와 알래스카 절벽 위에 살아요. 그런데 이곳은 세계 주요 어장 중 하나라서, 기업형 어선들의 그물에 키틀리츠바다쇠오리가 자주 걸리곤 하지요. 또한, 유조선들이 바다 한가운데에서 불법으로 석유 탱크를 청소하며 탄화수소를 배출하는 것도 큰 문제예요.

1989년 알래스카에서 유조선 엑손 발데스 호가 암초에 부딪혔고, 이 배의 탱크에서 흘러나온 석유가 해안 800킬로미터를 오염시켰지요. 이 검은 물결 때문에 25만 마리가 넘는 바닷새와 바다수달 2,800마리, 바다표범 300마리가 그 자리에서 목숨을 잃었어요. 그때 키틀리츠바다쇠오리는 개체군의 10퍼센트가 사라졌답니다.

북극펠트지의류 *Erioderma pedicellatum*

이 지의류도 균류와 지류가 긴밀한 협력을 맺으며 살아가는 '공생체'예요. 즉, 균류는 조류를 싸서 보호하고 수분을 공급하며, 조류는 균류에 양분을 공급하지요. 북극펠트지의류는 극한 온도를 견디며, 오랫동안 건조되었다가도 되살아날 수 있어요. 그리고 침엽수 줄기에 달라붙어 사는데, 윗부분을 만져 보면 아주 부드럽지요. 이 지의류는 스칸디나비아에서는 이미 사라졌고, 캐나다 뉴펀들랜드와 노바스코샤 북부 침엽수림에만 나며, 공기와 비 입자를 끌어모아 양분을 얻어요. 따라서 대기 오염과 산성비에 민감합니다.

길버트쥐캥거루 Potorous gilbertii

길버트쥐캥거루는 120년 동안 완전히 사라졌다고 알려졌으나, 1994년에 다시 발견되었어요. 암컷은 배에 주머니가 있어서, 새끼들이 독립할 때까지 주머니 속에 넣고 보호하며 젖을 먹여요. 쥐캥거루는 오스트레일리아 덤불에서 주로 송로버섯을 먹고 사는데, 포유류로서는 매우 드문 일이지요. 송로버섯은 땅속에 묻혀 있으면 포자*를 퍼뜨릴 수 없는데, 쥐캥거루의 배설물에 섞여 나와 퍼져서 새로운 장소에 군집을 이룹니다. 그러나 특정 식물의 뿌리 가까이에서만 자랄 수 있는 송로버섯이 병으로 많이 죽어서 쥐캥거루의 생존도 불안해졌답니다.

*포자 식물이 무성 생식을 하기 위하여 형성하는 생식 세포를 말하며, 홀씨라고도 해요.

만텔키위새 Apteryx mantelli

만텔키위새는 날지 못하는 새로, 유전적으로 오스트레일리아 에뮤와 아프리카 타조와 가까워요. 다섯 종이 존재하는데, 모두 원산지가 뉴질랜드라 그 나라의 상징이 되었어요. 과일 '키위'는 만텔키위새의 이름을 땄는데, 그 형태나 색깔, 털로 덮인 껍질이 이 새의 겉모습과 비슷하기 때문이에요. 사람들이 개, 고양이, 담비를 오세아니아 섬에 들여오자, 이 동물들이 키위새를 잡아먹었어요. 특히 아주 어린 새끼들을 잡아먹어서, 새끼가 무사히 자라 어른이 될 가능성은 6퍼센트밖에 되지 않아요. 한편, 농지 개발과 소·양의 방목 확대로 삼림이 대규모로 벌채되자, 수많은 동식물 종이 피해를 보았어요. 다행히 만텔키위새는 고향 숲의 다른 서식지에 정착해 살게 되었고, 사람들이 섬에 심은 소나무 숲이나 가축 방목에도 적응했답니다.

퀸즐랜드털코웜바트
Lasiorhinus krefftii

코알라와 친척인 이 동물은 키가 약 35센티미터이고, 오스트레일리아 퀸즐랜드의 유칼립투스 숲 속에 살아요. 밤에는 굴을 떠나 유난히 발달한 코로 풀과 뿌리를 찾아 먹지요. 그런데 1980년대에 서식지가 파괴되고 먹이 경쟁에 시달리며 딩고 개에게 잡아먹히는 동안, 이 종의 개체 수는 고작 40마리 정도로 줄어들고 말았어요. 오늘날 털코웜바트는 국립공원에서 보호받고 있으며, 개체 수는 100여 마리로 늘어났어요. 그러나 지금도 새로운 서식 환경의 변화에 맞서고 있는데, 외래 식물 버펠그래스(Cenchrus ciliaris)가 나타나 이들이 먹는 토종 풀을 몰아내고 있기 때문이에요.

오세아니아 대륙

무지개풀 *Byblis gigantea*

이 식물은 오스트레일리아의 습한 모래 지대에 나며 연보라색 꽃이 펴요. 점액으로 덮인 풀잎이 햇살을 받으면 무지갯빛으로 반짝이므로 무지개풀이라고 부르지요. 무지개풀은 육식 식물로, 잎에서 끈끈한 점액 물질을 분비하여 곤충을 잡아요. 그리고 꼼짝 못하게 된 먹이를 소화 효소로 소화시켜 흡수합니다. 한편, 건조한 계절과 잦은 덤불 화재에서 살아남기 위해, 이 식물은 뿌리줄기 속에 영양분을 저장해요. 그래서 공기 중에 나온 부분은 마르거나 타 버릴 수도 있지만, 땅속에 묻혀 있던 뿌리줄기는 습한 계절에 새로운 싹을 틔우곤 해요. 그러나 농사를 짓느라 땅이 건조해지면서 무지개풀은 위기에 처해 있어요.

세가락가시두더지 *Zaglossus bruijnii*

오리너구리처럼, 가시두더지는 알을 낳는 파충류의 특징과 새끼에게 젖을 먹이는 포유류의 특징을 동시에 가지고 있어요. 뉴기니 산지의 숲 속에서 지렁이를 먹고 사는데, 새로운 농지 개발로 서식지가 줄어든데다가 고급 요리의 재료로 사냥당하고 있어요. 이러한 위협을 피하려고, 가시두더지는 사람들이 접근하기 어려운 높은 지역의 숲 속으로 도망치고 있어요.

독수리
Aegypius monachus

독수리는 펼친 날개폭이 3미터에 이르며, 대형 초식동물의 썩은 고기를 먹고 사는 맹금류예요. 그래서 유럽에서는 독수리를 부정적으로 보지만, 다른 동물에게 병을 옮길 수 있는 고지대 초원의 소, 양, 사슴, 산양 주검을 없애 주는 것은 좋은 일이지요. 현재 독수리 대부분은 아시아에 살아요. 유럽에서는 독수리의 먹이가 되는 죽은 가축을 방목장에서 치워 버리기 때문에 살기가 어려워, 주로 스페인에 약 1,500쌍 정도가 남아 있을 뿐이지요. 프랑스에서는 1992년에 성공적으로 재도입하여 몇 마리가 살고 있답니다.

갈색곰 *Ursus arctos*

곰 종에는 '아종'이라는 다양한 유형이 포함되는데, 북아메리카에는 회색곰이 있고 티베트에는 푸른곰이 있어요. 이들은 툰드라나 산지뿐 아니라 깊은 숲 속에도 살지요. 갈색곰은 육지에서 가장 큰 육식동물이지만, 물고기, 나무 열매, 풀, 심지어 곤충을 먹고 살기도 해요. 그리고 첫추위가 오면 굴에 들어가 겨울잠을 자는데, 이때 암컷은 안전하고 조용한 굴속에서 새끼를 낳아요. 새끼들은 여름이 올 때까지 따뜻한 곳에서 자라면서 다음 겨울에 맞설 힘을 키운답니다.

갈색곰은 사람의 활동이 확대되면서 로마 시대 이래로 유럽에서 점점 사라졌고, 마침내 1995년 프랑스에는 피레네 산맥에 다섯 마리만 남게 되었어요. 그래서 유전적으로 가까운 슬로베니아곰 몇 마리를 들여왔고, 새끼들이 태어났지요. 그러나 어떤 목축업자들은 이를 반대하는데, 밤중에 개나 목동이 지키지 못하는 가축 떼를 곰이 해칠 수도 있기 때문이지요. 그리고 피레네 산맥에 살던 마지막 갈색곰은 '카넬'이라는 이름의 암컷이었는데, 2004년에 사냥꾼에게 죽었답니다.

> **우리나라에 사는 동식물 중 멸종위기에 처한 포유류 수는 얼마인가요?**
>
> 우리나라의 생물 종 수는 3만 3,000여 종이며, 그 중 포유류는 120여 종이에요. 그런데 늑대, 반달가슴곰, 수달, 호랑이 같은 포유류 20종이 현재 멸종 위기에 처해 있어요. 또한, 전체 멸종위기 야생동식물 수는 246종인데, 2005년에 비해 24종 늘어났습니다(환경부 발표 야생동·식물보호법 시행규칙 일부개정령, 2012. 5. 31).

서유럽 산지

아베롱흑란 *Ophrys aveyronensis*

이 작은 난초는 단 하나뿐인 꿀벌 종 체꽃땅벌(Andrena hattorfiana)의 수벌을 끌어들이기 위해 암벌의 향과 형태, 색깔을 흉내 내요. 수벌은 짝짓기를 하기 위해 이 난초에 꽃가루를 묻히고, 이로써 꽃가루받이가 이루어지지요. 프랑스에서는 1992년부터 아베롱흑란을 보호종으로 정했습니다. 그러나 불행히도 라르작 석회질 고원에서 풀을 뜯는 양들이 이 난초를 뜯어 먹거나 짓밟으며, 땅벌 역시 위협을 받고 있어요.

방아벌레 *Ampedus quadrisignatus*

자연림 속에서 죽은 나무에는 수많은 생물이 숨고 먹고 번식할 수 있어요. 이 특별한 생태학적 보금자리는 종종 작은 무척추동물들이 차지해요. 이 종들은 나무를 조금씩 분해하고 영양분을 재활용하여 숲의 재생에 참여합니다. 그러나 사람들이 숲을 개발할 때는 죽은 나무를 없애버리기 때문에, 여기에 사는 종들이 위기에 처하지요.

검정과 금빛 옷을 입은 방아벌레 역시 피해를 입는 곤충이에요. 이 곤충은 썩어가는 밤나무나 참나무 줄기 속에 살며 알을 낳고, 애벌레는 그 나무에서 양분을 취합니다. 그리고 가을이 되자마자 탈바꿈을 하는데, 그러고 나면 따뜻한 봄이 올 때까지 겨우내 죽은 나무가 성체*의 보금자리가 되지요.

*성체 다 자라서 생식 능력이 있는 동물을 가리켜요.

생태계 전체가 사라질 수도 있나요?

하나의 생태계는 하나의 자연환경(토양, 바위, 물, 기후)이 이루는 전체이고, 그 안에 살아 있는 모든 것이에요. 또 이 복잡한 체계 안에서 이루어지는 모든 관계와 교환이 포함되지요. 산호초나 이탄지*와 같은 독특한 생태계는 이미 50퍼센트가 사라졌어요. 이런저런 종이 약해지면 생태계 전체에 영향을 미칠 수 있어요.

*이탄지 완전히 탄화하지 못한 석탄이 퇴적하여 이루어진 땅이에요.

남유럽 암석 지대

안달루시아마늘 *Allium rouyi*

사람들은 이 마늘이 거의 100년 전에 사라진 줄 알았지만, 스페인 안달루시아 남쪽 끝 언덕 비탈에서 몇 포기를 발견했어요. 낭떠러지 끝이나 바위 사이 좁은 틈의 깊지 않은 흙에서 작은 알뿌리들이 잘 자란답니다.

살라만카도마뱀 *Iberolacerta martinezricai*

이 갈색 도마뱀은 배와 꼬리가 물빛과 비슷한 초록색이며, 스페인 살라만카 근처의 높은 곳에 살아요. 몸에 눈 모양 반점이 있는데, 검은 테두리 하늘색 점들이 부릅뜬 눈 같아서 포식자들이 겁을 먹지요. 그런데 이 도마뱀은 심각한 멸종 위기에 처해 있어요. 사람들의 위협 말고도 기후 변화 때문에 성체가 100마리도 남지 않았습니다.

44

에페이로스눈반점나비 *Pseudochazara cingovskii*

이 작은 나비는 이제 마케도니아 중부 지방에만 있어요. 석회암 위에 사는 것을 좋아하는데, 연회색이라 눈에 잘 띄지 않아요. 그러나 사람들이 채석장을 만들어 석회암을 캐내면서 이 나비의 서식지는 계속 줄어들고 있어요. 한편, 이 나비는 위험에 처하면 날개를 펼쳐 눈 모양 반점을 드러냅니다. 이에 포식자들이 놀라거나 겁을 먹을 때, 유유히 도망치지요.

풀 한 포기가 무슨 쓸모가 있어요?

풀 한 포기가 사라지면 토양이 비나 바람, 강의 범람에 저항하는 힘이 약해지고, 결국 곤충이나 다른 식물과 미생물에도 중대한 영향을 미칠 수 있어요. 또한, 풀 한 포기는 다른 식물에 버팀대가 되고 새에게 둥지를 만들 재료를 주며, 사람에게는 옷의 재료를 공급하지요. 게다가 곤충이나 포유류에게는 먹이가 되며, 약재와 더위를 피할 그늘도 제공한답니다! 어쨌든 모든 동물이 소비하는 산소는 식물이 만듭니다. 그리고 멸종 위기에 처한 종 가운데 70퍼센트가 식물이에요.

안데스의여왕 Puya raimondii

파인애플과에 속하는 이 식물은 100년을 살 수 있지만, 죽기 직전 딱 한 번만 꽃을 피워요. 그렇지만 무려 꽃대가 9미터에 이르고, 한 번에 2만 송이의 꽃과 1,000만 개의 씨를 맺는답니다. 밑동*이 무시무시한 가시 잎으로 둘러싸여 있기 때문에 사람들은 가축이 이 가시에 찔려 죽는다고 불평하지만, 사실은 가축이 안데스의여왕을 짓밟거나 어린싹을 뜯어먹고 있어요. 게다가 지구 온난화로 페루와 볼리비아 지역의 기후가 변하자, 안데스의여왕도 꽃을 피우기 어려워졌습니다.

* **밑동** 나무줄기에서 뿌리에 가까운 부분을 뜻해요.

산악맥 Tapirus pinchaque

산악맥은 말과 코뿔소의 먼 사촌으로, 겉모습이 2,000만 년 전부터 거의 진화하지 않았기 때문에 '살아 있는 화석'이라고 불려요. 콜롬비아, 에콰도르, 페루의 구름 낀 숲 속에 사는데, 이 열대 고지의 숲은 언제나 안개에 싸여 있지요. 산악맥은 울창한 숲 속에서 하루를 보내며, 진흙 목욕을 아주 좋아해요. 새끼들은 새끼멧돼지처럼 연한 밤색과 갈색 얼룩을 갖고 있어서 재규어나 퓨마의 눈을 잘 피한답니다. 그러나 삼림 벌채와 밀렵 때문에 멸종 위기에 처해 있어요.

안데스고양이 *Leopardus jacobita*

튼튼하고 작은 이 야생 고양이는 가장 심각한 위기에 처해 있어요. 안데스 산맥의 건조한 지대에서 사는데, 털이 매우 촘촘해 추위를 막아 주지요. 가까운 사촌인 팜파스고양이와 영역을 다투고 있으며, 주로 이 지역에 사는 팜파스야생토끼와 친칠라를 잡아먹고 살아요. 그러나 먹잇감이 줄어들면서 안데스고양이의 멸종도 빨라질 것으로 예상합니다.

안데스 산맥

긴꼬리친칠라 *Chinchilla lanigera*

큰 귀를 가진 긴꼬리친칠라는 칠레 북부에서만 볼 수 있어요. 안데스 산맥의 암석과 사막 지대에 사는데요. 이곳에는 식물이 크게 자라지 않아서 낮에는 굴이나 바위틈 좁은 통로 속에 숨어 지내요. 먹이로는 여러 가지 씨앗과 풀뿐 아니라 곤충이나 새알도 먹지요. 예전에는 여러 지역에서 볼 수 있었으나, 두툼하고 부드러운 회색 털을 고급 외투의 소재로 찾는 사람이 많아져서 개체 수가 줄었답니다.

바다, 강, 그리고 물가에서

바닷물 속에는 사람이 만든 6만 가지가 넘는 다양한 화학 제품이 있어요. 그 가운데 4,000가지는 POPs, 즉 잔류성 유기 오염 물질*로 동물군과 식물군에 매우 위험한 것으로 여겨집니다.

바닷속 생물다양성을 파괴하는 가장 큰 원인(90퍼센트)은 이러한 물질 때문에 일어나는 수질 오염이에요. 나머지는 대규모 기름 유출 사고나, 유조선이 불법으로 탱크를 씻을 때 흘러나오는 중유가 원인이지요.

바닷물 말고도 강, 호수, 빙하와 땅 밑의 소중한 물 창고인 지하수층을 포함하는 민물이 있어요. 민물은 농사를 지을 때는 물론이고 사람에게 꼭 필요해요. 우리는 하루에 1.5리터의 민물을 마셔야 하니까요. 민물은 지구 상에서 사용할 수 있는 물의 0.01퍼센트밖에 안 되지만, 사람들은 민물에 거의 신경을 쓰지 않습니다.

강은 온갖 쓰레기, 특히 뜨거운 공업용수를 버리는 배출구로 쓰여요. 따라서 물에 사는 생물들의 모든 먹이 사슬이 혼란에 빠지게 되지요. 조그만 해초를 갑각류가 먹고, 갑각류를 작은 물고기가 먹고, 작은 물고기를 큰 물고기가 먹어요. 강에 물을 마시러 오는 동물도 다른 동물의 먹이가 됩니다. 또한, 모든 강은 바다로 흘러가므로 바다 한가운데 거대한 푸른 고래부터 물의 정화에 결정적인 역할을 하는 개울물의 미세한 박테리아까지, 모두 먹이 사슬로 이어지는 것이지요. 서로 보완하고 협력하는 이 모든 생물이, 이제는 이들의 오랜 벗이었던 물로부터 독성 공격을 받고 있습니다.

* **잔류성 유기 오염 물질** Persistent Organic Pollutants, 자연환경에서 분해되지 않고 먹이사슬을 통해 동식물 체내에 축적되어 면역체계 교란과 중추신경계 손상 등을 초래하는 유해 물질을 말해요.

대모거북 Eretmochelys imbricata

대모거북은 등딱지의 껍데기 하나하나가 독특하게 겹쳐져 톱니 같은 화려한 무늬를 이뤄요. 따라서 많은 사람이 패물이나 장식품 재료로 쓰기 원하지요. 이 거북은 대단히 멀리 이동하므로 세계 다양한 지역의 열대 바다에서 발견됩니다. 그래도 암컷은 거의 언제나 같은 해안으로 되돌아와 100여 개의 알을 낳지만, 성체에 이르는 새끼는 1,000분의 1도 안 되는 것으로 보여요. 어릴 때는 온갖 위험에 노출되지만, 어른이 된 뒤에는 상어와 사람이라는 두 포식자만 남게 되지요. 중국과 일본에서는 실제로 이 거북의 고기를 매우 즐깁니다. 하지만 대모거북은 독성이 강한 해파리나 해면을 잘 먹으므로 그 독이 몸속에 쌓여서 거북 고기도 독성을 띱니다. 한편, 이들이 해파리로 착각하고 삼키는 비닐봉지나 낚시그물 역시 이 종의 생존을 위협합니다.

인도네시아 맹그로브 숲

사과홍수 Sonneratia griffithii

사과홍수는 인도양 동쪽 연안의 몇몇 강어귀에서도 민물과 짠물이 섞이는 곳에서만 자라요. 홍수만이 이런 환경에서 자랄 수 있고, 조수에 따라 뿌리가 물에 잠겼다 나왔다 하는 진정한 맹그로브* 숲을 이룰 수 있지요. 이 숲은 지구에서 생물다양성이 가장 풍요로운 곳 가운데 하나로, 여기에는 수많은 종의 새와 곤충이 살지만, 무엇보다 연체동물, 갑각류, 물고기가 많아요. 또한, 이 숲은 폭풍우와 해일과 같은 큰 물난리로부터 해안 지대를 지켜주므로, 사람에게도 도움이 됩니다. 하지만 사람들이 이곳에서 활동하면서 파괴되고 있어요.

* **맹그로브** 열대와 아열대의 갯벌이나 하구에서 자라는 목본식물의 집단이에요. 줄기와 뿌리에서 많은 호흡근이 내리고 열매는 보통 바닷물로 운반되나, 어떤 종은 나무에서 싹이 터서 50~60cm 자란 다음 떨어지는 것도 있는데, 이를 특히 태생식물이라고 해요.

중앙아메리카 맹그로브 숲

악어눈홍수 *Bruguiera hainesii*

악어눈홍수는 이제 세계에 200그루밖에 남지 않았어요! 그리고 맹그로브 숲이 줄어드는 것은 사람들에게 책임이 있어요. 가장 분명한 원인은 새우 양식장 건설이에요. 북아메리카와 유럽에서 새우의 소비가 증가하면서, 새우 양식은 이익이 큰 사업이 되었거든요. 따라서 수산물 가공업자들은 새우 양식에 이상적인 이 지역에서 주저 없이 수천 그루의 홍수를 뽑아 버렸어요. 그 밖에도 아름다운 바닷가에 호텔을 짓기 위해 맹그로브 숲을 파괴하기도 합니다.

가시꼬리이구아나 *Ctenosaura bakeri*

가시꼬리이구아나 암컷은 온두라스 우틸라 섬 바닷가 뜨거운 모래 밑에 굴을 판 뒤, 알을 낳고 떠나 버려요. 따라서 알이 부화하면 몹시 연약한 새끼들이 늪지대로 기어가 몸을 숨기고 먹이를 찾아야 하지요. 한편, 이구아나 성체는 본래 초식동물이며, 홍수 나뭇가지 사이에 살면서 나뭇잎, 줄기, 꽃, 열매와 같은 것을 먹어요. 이 종의 생존을 위협하는 주된 원인은 관광 산업이에요. 사람들은 넓은 바닷가와 수면을 파괴하고, 조경을 위해 이구아나에게 필요 없는 외래 관상식물을 들여옵니다.

피그미너구리 *Procyon pygmaeus*

피그미너구리는 멕시코 코주멜 섬에만 살며, 주로 맹그로브 숲을 드나들며 게를 찾아 먹어요. 그런데 이 지역에서는 갑자기 폭풍우가 몰아치는 일이 잦아서 많은 수가 죽임을 당하지요. 그리고 너구리들이 제대로 세대교체를 하지 못하게 된 이유는 바닷가가 관광지로 개발되었기 때문이에요. 도로가 건설되면서 살 곳이 없어졌고, 교통사고로 목숨을 잃는 너구리도 많아졌어요. 게다가 개, 고양이와 같은 외래종이 섬에 들어오면서 기생충과 병이 번져 피그미너구리가 죽고 있답니다.

아무르표범 *Panthera pardus orientalis*

'아무르'라는 이름은 이 표범이 사는 러시아와 중국 국경 지대 근처의 아무르 강에서 따왔어요. 이 멋진 동물은 고작 35마리밖에 남지 않은 것으로 보입니다. 그러나 이 종을 괴롭히는 위협은 한둘이 아니랍니다. 약효가 있다는 속설 때문에 다양한 부위가 널리 인기가 있고, 가죽은 장식으로 팔려요. 게다가 먹잇감이 점점 줄어들어 가축을 공격하게 되자, 목축업자들에게 미움을 받게 되었지요. 게다가 생존에 꼭 필요한 영역 일부가 화재로 완전히 타 버린 뒤, 아직 복구되지 않았어요.

중국장수도롱뇽 *Andrias davidianus*

오늘날 가장 큰 양서류로 알려진 이 도롱뇽은, 길이가 1미터가 넘고 몸무게는 30킬로그램이나 나가기도 해요. 중국 중부나 남서부 강가 또는 호숫가 숲 속에서 찾아볼 수 있어요. 번식기에는 물속 깊은 곳 구멍에 500개까지 알을 낳는데, 부화할 때까지 수컷이 알을 지켜요. 중국 미식가들은 이 도롱뇽 고기를 아주 좋아해요. 그래서 도롱뇽을 양식하기 시작했지만, 여전히 야생에서도 계속 잡아들이고 있습니다.

가는물부추 *Isoetes sinensis*

'이소에테스(Isoetes)'는 '같다'를 뜻하는 그리스어 '이소스(isos)'와 '해'를 뜻하는 '에토스(etos)'에서 왔어요. 1년 내내 푸른 이 식물의 모습에서 따온 이름이지요. 이 수생 식물은 중국 동부의 안후이 성, 장쑤 성, 저장 성에 있었으나, 화학 공업 때문에 수질이 오염되고 농지가 확대되면서 이미 사라졌을지도 모릅니다.

양쯔강돌고래 Lipotes vexillifer

바다에 사는 사촌들과 달리, 이 돌고래는 중국 서부 양쯔 강 민물에 살아요. 중국 민속에서는 '양쯔 강의 여신'이라는 별명으로 불리며 지역 주민의 숭배를 받는 한편, 이 강에서 죽은 채 발견된 공주의 환생이라고도 하지요. 국보로 선포되어 1975년부터 보호받고 있어요.

그러나 양쯔강돌고래가 마지막으로 목격된 것은 2002년이에요. 그 뒤로 과학 조사선 두 척이 나서서 돌고래가 내는 휘파람 혹은 쯧쯧 소리의 위치를 탐지할 수 있는 수중청음기까지 동원했지만, 결국 찾아내지 못했어요. 어쩌면 이미 멸종했을지도 모르지요. 사실 양쯔 강은 세계에서 가장 배가 많이 다니는 뱃길 중 하나예요. 게다가 사람들은 이 강에서 고기를 잡고 오염 물질을 흘려보내고, 수력 발전용 댐까지 건설하고 있답니다.

중국 민물

대모잠자리 Libellula angelina

잠자리는 습지에서 멀리 떨어진 곳에서도 가끔 볼 수 있지만, 번식하려면 물이 많은 환경이 필요해요. 보통 물속에서 알을 낳거든요. 알이 부화하면 애벌레가 나와 물속에서 자라다가, 몇 차례 탈바꿈을 거친 뒤에 식물 줄기를 타고 올라가요. 그러고는 물 밖에서 마지막 탈바꿈을 하는데, 이때 날개 달린 성체가 나옵니다. 대모잠자리는 수질 오염으로 멸종 위기에 놓였으며, 외래 포식자인 큰입검정우럭(Micropterus salmoides)과 붉은가재(Procambarus clarkii)의 양식으로도 해를 입고 있어요.

53

유럽담비 *Mustela lutreola*

유럽담비는 현재 동유럽과 프랑스, 스페인에 뿔뿔이 흩어져 몇몇 개체군만 남아 있어요. 그중 프랑스에 사는 담비가 짧은 기간 안에 가장 큰 생존의 위협을 받고 있지요. 담비는 많은 시간을 육지에서 지내지만, 물이 흐르는 곳에서 절대 멀리 떨어지지 않기 때문에 '반수생' 동물이라고 해요. 그리고 개구리나 물고기 같은 작은 종을 잡아먹는 육식동물이기도 하지요. 옛날에는 털 때문에 사냥을 당했고 (지금은 다른 담비를 사육해서 외투를 만들어요), 지금은 온갖 공해와 자연환경 파괴로 피해를 입고 있어요. 게다가 해로운 동물로 여겨지는 족제비로 오해받기도 합니다.

유럽 민물

스펭글러민물홍합 *Margaritifera auricularia*

이 홍합은 길이 20센티미터까지 자라며, 150년이나 살 수 있어요. 그리고 바닥에 자갈이 깔린 아주 맑은 물에서만 살지요. 옛날에는 서유럽에 널리 퍼져 있었지만, 이제는 프랑스와 스페인의 몇몇 강에만 간신히 살아남아 있는데, 수질을 오염시키고 진흙을 많이 쌓는 댐 건설이 큰 원인이랍니다. 현재 이 홍합은 더는 번식하지 않는데요, 이 홍합이 사는 강에서 철갑상어가 사라진 것이 원인 중 하나일 수 있습니다. 스펭글러민물홍합의 새끼는 철갑상어 아가미 속에서 자라고, 철갑상어가 이동함에 따라 안전하게 흩어져서 번식할 수 있었거든요.

민물은 맑은 물인가요?

우리의 식생활과 농사에 매우 소중한 강물과 지하수는 살충제와 비료의 사용으로 자주 오염되고 있어요. 한 예로, 유럽 민물의 25퍼센트는 심각한 위기에 처해 있는데, 사람은 물론 민물에 사는 수많은 동식물에 위험한 물질인 질산염과 인산염이 존재하는 것으로 밝혀졌어요.

유럽뱀장어 *Anguilla anguilla*

뱀과 같이 생긴 이 물고기는 민물이 아니라 북대서양 사르가소 해의 짠물에서 알을 낳은 뒤 죽어요. 그리고 알에서 나온 새끼는 대서양을 가로지르는 해류인 멕시코만류를 타고 1~2년 뒤에 유럽과 북아프리카 해안에 도달하지요. 새끼뱀장어는 봄에 강을 거슬러 올라갈 때 독특한 황금빛을 띠는데요. 민물에서 10년을 지내고 어른이 되면 다시 은빛을 띠고 태어난 장소로 돌아가 알을 낳아요. 이 물고기는 아가미뿐 아니라 피부로도 호흡하므로, 땅 위를 기어서 외딴 물웅덩이로 갈 수도 있어요. 이러한 놀라운 능력을 갖췄지만, 오늘날 멸종 위기에 처해 있어요. 사람들이 새끼뱀장어를 마구 잡고 수력발전용 댐을 건설하는 탓에, 순조롭게 세대교체를 하지 못하기 때문입니다.

하얀발가재 *Austropotamobius pallipes*

하얀발가재는 서유럽의 시내나 강, 호수에 살아요. 그리고 어두운 곳을 좋아하여 낮에는 바위나 나무뿌리, 물에 잠긴 나뭇가지 밑에 숨어 지내지요. 사람들이 북아메리카 원산인 붉은가재(Procambarus clarkii)와 시그널가재(Pacifastacus leniusculus)를 들여오자 먹이와 보금자리를 두고 서로 경쟁하게 되었답니다. 또, 이 외래종들이 아메리카 대륙에서 아파노미세스 아스타시(Aphanomyces astaci)라는 병원균을 들여왔는데, 이 균은 하얀발가재에게 치명적인 가재페스트라는 병의 원인이 돼요.

유럽몽크바다표범 Monachus monachus

몽크바다표범은 겁이 많아서 사람이 드나드는 양지바른 바닷가나 바위에는 머물지 않아요. 육지에 사는 포식자를 피하려고 대부분 입구가 바닷속에 잠겨 있는 동굴을 골라 숨지요. 그리고 잠수를 아주 잘하는데요, 현재 가장 깊은 잠수 기록은 78미터입니다.

옛날에는 지중해에 몽크바다표범이 널리 퍼져 있었으나, 지금은 터키와 그리스에 400~500마리만 남았어요. 한때 기름과 가죽을 팔기 위해 바다표범을 많이 잡았으나, 지금은 주로 지중해의 수질 오염에 시달리거나 바다표범을 경쟁자로 여기는 어부들에게 희생되고 있어요.

지중해

천사상어 Squatina squatina

납작한 모양의 천사상어는 유럽과 북아프리카 해안에 나타나며, 길이가 2.5미터나 되는 것도 있어요. 천사 같은 겉모습 속에는 감쪽같은 위장술을 가진 무서운 포식자가 숨어 있는데, 모래나 진흙 바닥으로 파고들어 가 눈만 내놓고 있다가 공격 범위에 들어온 먹잇감을 바로 낚아챕니다. 50년 전부터 저인망* 어업이 발달하면서, 북해와 지중해에서 천사상어의 수가 줄어들었답니다.

*저인망 바다 밑바닥으로 끌고 다니면서 깊은 바닷속의 물고기를 잡는 그물을 가리켜요.

갈색농어 Epinephelus marginatus

갈색농어는 유럽 남해안과 아프리카 해안뿐 아니라 남아메리카에도 살아요. 길이 1.5미터까지 자랄 수 있고, 50년이나 살 수 있지요. 암수한몸으로, 평균 12년 동안은 암컷이었다가 남은 평생은 수컷이 되어 살아요. 그런데 수컷이 크기 때문에 기념품이나 식용으로 더 많이 잡혀서, 현재 암컷 7마리당 수컷 1마리 정도가 있는 것으로 보여요. 따라서 번식이 어려워질 수 있어요. 갈색농어는 혼자 살고 잘 이동하지 않는데다가 성격도 매우 평온하므로 더욱 쉽게 잡힙니다.

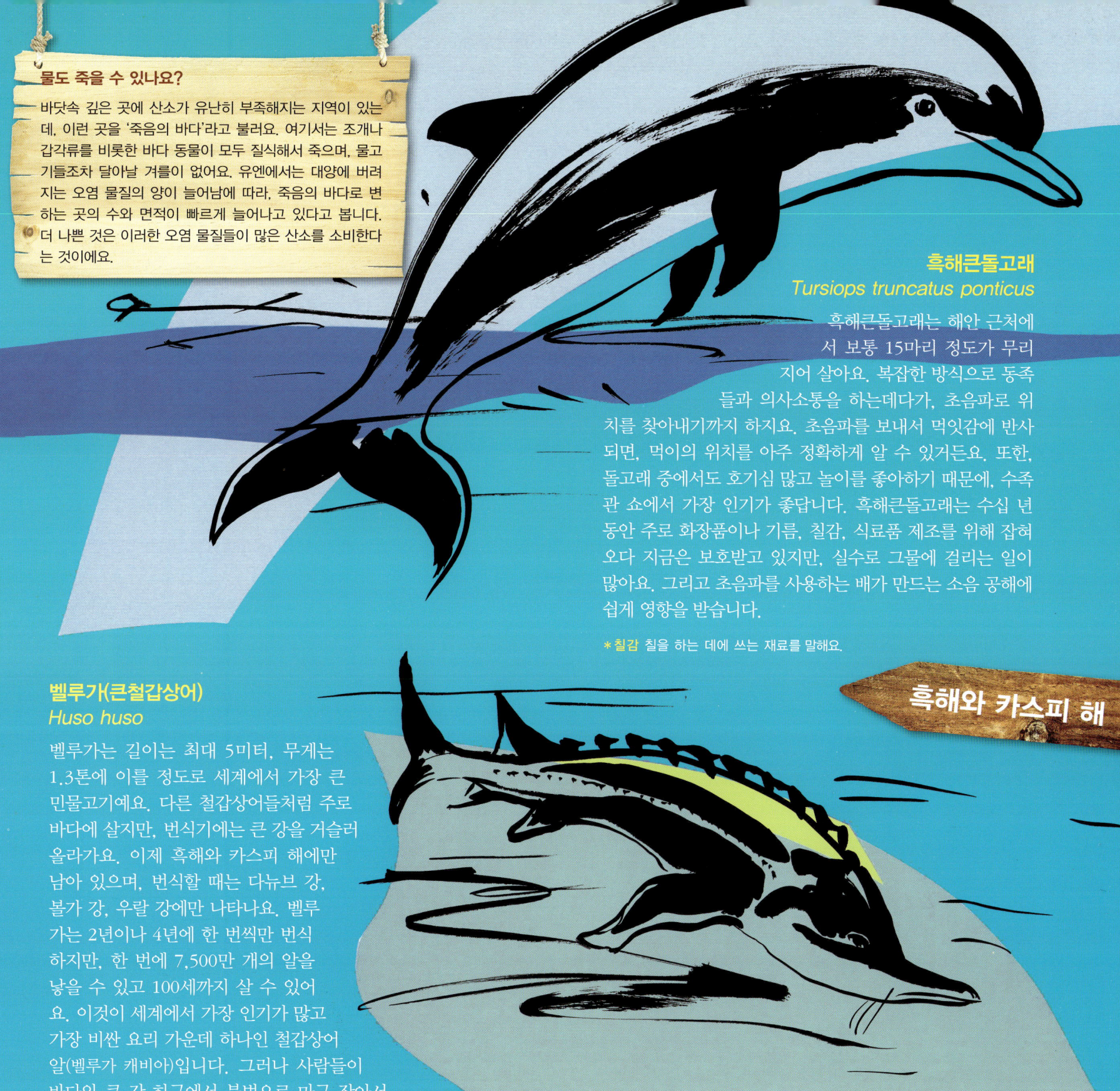

물도 죽을 수 있나요?

바닷속 깊은 곳에 산소가 유난히 부족해지는 지역이 있는데, 이런 곳을 '죽음의 바다'라고 불러요. 여기서는 조개나 갑각류를 비롯한 바다 동물이 모두 질식해서 죽으며, 물고기들조차 달아날 겨를이 없어요. 유엔에서는 대양에 버려지는 오염 물질의 양이 늘어남에 따라, 죽음의 바다로 변하는 곳의 수와 면적이 빠르게 늘어나고 있다고 봅니다. 더 나쁜 것은 이러한 오염 물질들이 많은 산소를 소비한다는 것이에요.

흑해큰돌고래
Tursiops truncatus ponticus

흑해큰돌고래는 해안 근처에서 보통 15마리 정도가 무리 지어 살아요. 복잡한 방식으로 동족들과 의사소통을 하는데다가, 초음파로 위치를 찾아내기까지 하지요. 초음파를 보내서 먹잇감에 반사되면, 먹이의 위치를 아주 정확하게 알 수 있거든요. 또한, 돌고래 중에서도 호기심 많고 놀이를 좋아하기 때문에, 수족관 쇼에서 가장 인기가 좋답니다. 흑해큰돌고래는 수십 년 동안 주로 화장품이나 기름, 칠감, 식료품 제조를 위해 잡혀 오다 지금은 보호받고 있지만, 실수로 그물에 걸리는 일이 많아요. 그리고 초음파를 사용하는 배가 만드는 소음 공해에 쉽게 영향을 받습니다.

*칠감 칠을 하는 데에 쓰는 재료를 말해요.

벨루가(큰철갑상어)
Huso huso

벨루가는 길이는 최대 5미터, 무게는 1.3톤에 이를 정도로 세계에서 가장 큰 민물고기예요. 다른 철갑상어들처럼 주로 바다에 살지만, 번식기에는 큰 강을 거슬러 올라가요. 이제 흑해와 카스피 해에만 남아 있으며, 번식할 때는 다뉴브 강, 볼가 강, 우랄 강에만 나타나요. 벨루가는 2년이나 4년에 한 번씩만 번식하지만, 한 번에 7,500만 개의 알을 낳을 수 있고 100세까지 살 수 있어요. 이것이 세계에서 가장 인기가 많고 가장 비싼 요리 가운데 하나인 철갑상어 알(벨루가 캐비아)입니다. 그러나 사람들이 바다와 큰 강 하구에서 불법으로 마구 잡아서, 현재 큰 위기에 처해 있답니다.

흑해와 카스피 해

안틸레스해우
Trichechus manatus manatus

해우는 인어 전설과 관련이 있는데요, 사람들이 탄식 소리에 가까운 해우의 구슬픈 울음소리를 인어의 노래에 비교하곤 했기 때문이지요. 안틸레스해우는 평균 길이 3미터에 이르는 엄청난 크기의 포유류지만, 오로지 식물만 먹는, 전혀 위험하지 않은 동물이에요. 사람들이 기름 제조에 쓰이는 지방과 고기를 얻기 위해 사냥해 왔으나, 지금 해우는 보호 대상이 되었어요. 하지만 서식지가 줄어들고 해우가 어업 장비를 삼키는 사고가 일어나는 등 여전히 위기랍니다.

대서양넙치 *Hippoglossus hippoglossus*

대서양넙치는 세계에서 가장 큰 가자미류 물고기 중 하나로, 길이가 3미터에 이르는 것도 있어요. 북대서양 연안의 차가운 물속에서 찾아볼 수 있으며, 모래나 진흙 바닥에 쉽게 몸을 숨길 수 있도록 몸의 구조가 완벽하게 적응되어 있지요. 사람들이 마구 잡아들이는 바람에 200년도 안 되는 사이에 대양의 수많은 곳에서 사라졌어요. 그럼에도 대서양넙치를 보호하기 위한 어떤 대책도 아직 없으므로, 앞으로 몇 년 안에 더욱 희귀해질 거예요.

크니스나해마 *Hippocampus capensis*

크니스나해마는 남아프리카공화국의 몇몇 강어귀와 만에만 살아요. 해마들이 다 그렇듯 수컷이 배 주머니 속에서 알을 부화시켜 기르며, 태아가 성숙하면 새끼를 내놓고 더는 돌보지 않아요. 그래서 새끼들은 공격받기 쉽지요. 이 작은 '바다의 말'은 이빨도 없고 위장도 하지 못해서, 그저 몸을 잘 숨겼다가 먹이를 잡아서 통째로 삼킵니다. 크니스나해마는 남아프리카공화국의 관광사업 개발이 가져온 수많은 환경 파괴에 시달리고 있어요.

북방긴수염고래 *Eubalaena glacialis*

북방긴수염고래는 등지느러미가 없고 머리통에 잔뜩 굳은살이 박인 유일한 고래라서 알아보기 쉬워요. 미국 북대서양 먼 바다에 살며, 암컷은 2,000킬로미터 넘게 이동해서 플로리다 해안을 따라 흐르는 소금기 적은 물에서 새끼를 낳아요. 암컷이 수컷보다 큰데, 길이는 18미터, 무게는 117톤까지 나갈 수도 있어요. 하지만 작은 물고기와 갑각류만 먹고 살며, 먹잇감을 바닷물과 함께 들이켠 뒤 물만 뱉어내요. 특히 무게가 2그램밖에 나가지 않는 아주 작은 크릴 떼를 즐겨 먹지요. 이 아름다운 바다 포유류는 낚시 장비나 배에 부딪혀 자주 다치며, 현재 300~350마리 정도밖에 남지 않았습니다.

큰귀상어 *Sphyrna mokarran*

큰귀상어는 넓적한 얼굴과 커다란 등지느러미가 특징이에요. 길이 6미터까지 자랄 수 있으며, 혼자 헤엄쳐 다닙니다. 보통 따뜻하고 온화한 열대 바다를 선호하지만, 여름에는 망설임 없이 극지방으로 이동하지요. 이 상어는 생명체가 내는 화학 신호와 전기 신호에 민감한 피부 덕분에 먹잇감의 위치를 알아낼 수 있어요. 또한, 표범가오리의 독에 면역이 있어서 이 물고기를 즐겨 먹어요. 그러나 큰귀상어의 지느러미는 아시아 시장에서 매우 비싸게 팔리므로 사람들에게 불법으로 잡히고 있습니다.

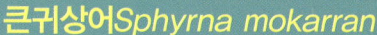
대서양

참다랭이 *Thunnus thynnus*

참다랭이는 몸집이 아주 큰데도 최고 시속이 70킬로미터에 이를 정도로 속도가 매우 빨라요. 참다랭이 살은 특히 일본에서 초밥 재료나 횟감으로 아주 인기가 좋아요. 그런데 대서양과 지중해에 사는 참다랭이의 수가 지난 몇 년 사이에 크게 줄었어요. 쿼터*가 너무 높은 데다, 심지어 지켜지지도 않거든요. 어부들은 참다랭이를 산 채로 잡아서 양식장에서 살을 찌운 다음, 일본인들에게 팔기도 하지요. 전 세계에서 참다랭이 낚시를 금지하지 않는다면, 이 종은 곧 사라질 거예요.

*쿼터 잡아도 되는 물고기의 수를 뜻해요.

물고기를 마구 잡는 남획이 얼마나 심각한가요?

번식을 위한 최소한의 수도 남기지 않고 대구를 잡아들이는 바람에, 대구 개체군이 무너졌어요. 50년 전부터 사람이 먹는 물고기 1,500종 이상이 이와 같은 형편에 처했지요. 대신 물고기를 양식하면 된다고 생각하겠지만, 이는 부작용이 따르게 돼요. 양식 물고기를 먹이려면 많은 양의 야생 물고기가 필요한데, 해마다 그 가운데 수십만 마리가 빠져나가 나머지 야생 물고기에게 병을 옮긴답니다.

실러캔스 *Latimeria chalumnae*

살아 있는 화석 실러캔스는 6,600만 년 전 공룡과 함께 멸종했다고 믿어졌지만, 1938년 남아프리카 해안 먼바다에서 다시 발견되었어요. 또한, 코모로군도와 남아프리카공화국 먼바다에서도 여러 번 관찰되었지요. 깊이 150~700미터 사이에 자리한 해저 동굴 속에 숨어 살기 때문에 접근하기 어려우나, 우연히 낚시에 걸리거나 수집가들에게 잡히고 있어요.

인도양

점박이부치 *Brachionichthys hirsutus*

점박이부치는 4개의 손 모양 지느러미를 써서 바다 밑바닥을 걸어 다니는 신기한 물고기랍니다. 매우 희귀한 종으로, 이제는 오스트레일리아 남부의 강 하구에 세 무리밖에 남지 않았어요. 바위에 달라붙어 사는 작은 해면동물이나 멍게 또는 해초 뿌리 근처에 알을 낳아요. 일본에서 들여온 아무르불가사리(*Asterias amurensis*)가 멍게를 잡아먹으면서 점박이부치의 알까지 먹는 바람에 개체 수가 줄어드는 것으로 보입니다.

긴머리매가오리
Aetobatus flagellum

긴머리매가오리는 인도 연안과 서태평양에 살며, 길이가 70센티미터 정도로 매우 작은 연골어류예요. 성장이 느리고 1년에 평균 4개의 알밖에 낳지 않을 정도로 번식률이 낮아서 마구잡히기 쉬워요.

혹머리놀래기 *Cheilinus undulatus*

혹머리놀래기는 태평양과 홍해, 인도양 바닷속 산호초를 드나들어요. 머리뼈 모양이 나폴레옹 모자 같아서, 프랑스에서는 '나폴레옹'이라 부릅니다. 혹머리놀래기는 잡힌 상태에서는 번식하지 못하므로, 새끼를 잡아서 수족관 시장에 공급해요. 그리고 1킬로그램당 100유로까지 나갈 정도로 비싸게 팔립니다.
이 놀래기는 깊지 않은 물에 살아서 잡히기 쉬우며, 밀매업자들의 활동으로 피해를 입고 있어요. 이들은 시안화물(청산)을 써서 물고기를 죽이므로, 혹머리놀래기가 사는 산호까지 모두 파괴됩니다.

카리브 해

작은이빨톱가오리 *Pristis pectinata*

모양은 상어와 비슷하지만, 가오릿과에 속해요. 대서양 해안의 얕은 진흙 바닥 속에 숨어 있는 것이 발견되었는데, 지중해나 몇몇 큰 강 하구, 혹은 호수의 민물에도 살고 있을지 몰라요. 모든 톱가오리는 가장자리에 날카로운 작은 톱니가 달린 길쭉한 주둥이를 갖고 있어요. 이것으로 바닥을 파서 갑각류를 찾거나 먹잇감을 찔러 죽여요. 그러나 실수로 잡히며, 기념품으로 거래되는 톱 주둥이와 비싼 값에 팔리는 고기 때문에 톱가오리를 찾는 사람들도 많습니다.

사슴뿔산호 *Acropora cervicornis*

열대 바다의 깊지 않은 맑은 물속에 '폴립'이라 불리는 작은 동물들이 모여서 군체*를 이룹니다. 그리고 각 군체는 바닷속의 광물을 끌어모아 평생 외골격을 만들어요. 다양한 형태와 빛깔을 가진 이 골격을 '산호'라고 불러요. 사슴뿔산호는 수많은 가지가 생기는데, 높이가 2미터를 넘는 가지도 있어요. 그런데 아주 부서지기 쉬워서, 깊이 1~30미터 정도의 파도가 없는 지역에만 자랍니다.

사슴뿔산호는 바다에 사는 수많은 종의 보금자리가 되며, 산호초는 지구에서 가장 풍요로운 생태계 가운데 하나이지요. 그러나 기후 온난화로 이 산호는 비정상적으로 하얗게 변하는 병에 잘 걸리게 되었어요. 따라서 30년도 지나지 않아서 개체군의 80퍼센트가 이미 사라졌어요.

*군체 같은 종류의 개체가 많이 모여서 공통의 몸을 조직하여 살아가는 집단을 말해요.

환형동물 *Mesonerilla prospera*

버뮤다제도에서 처음 태어난 이 작은 벌레에 관해서는 많은 것이 알려지지 않았지만, 이 종은 확실히 멸종하기 직전이에요. 그런데 이와 같은 해양 무척추동물은 어류, 해양 포유류, 갑각류, 연체동물에게 중요한 먹잇감이 되므로, 이들이 멸종하면 다른 동물들에게도 심각한 문제가 될 수 있어요.

쿠바대롱니쥐 Solenodon cubanus

쿠바대롱니쥐는 땅 밑에 사는 작은 야행성 포유류로, 눈에 잘 띄지 않아서 1890년 이래 멸종된 것으로 믿어졌어요. 그런데 쿠바 섬 남동부에 개체군이 아직 남아 있다고 합니다. 이 동물은 포유류치고는 드문 특징이 있는데, 먹잇감을 물면 독이 나와서 먹이를 마비시킬 수 있어요! 그러나 사람이 기르는 고양이나 개와 같은 포식자가 대롱니쥐를 멸종 위기에 처하게 했어요.

플로리다보닛박쥐 Eumops floridanus

플로리다에 살며 큰귀박쥐과에 속하는 이 박쥐는 도시나 숲 속에서 보금자리를 찾아요. 그래서 속이 빈 나무나 몇몇 오래된 건물 지붕 밑에 자리를 잡지요. 그러나 이미 몇십 년 전부터 이 박쥐를 보기가 어려워졌어요. 새로운 형태의 건물이 들어서면서 보금자리가 철거되었고, 마이애미에서는 모기를 죽이는 살충제 때문에 먹이가 없어져서 사라진 것으로 보입니다.

쿠바악어
Crocodylus rhombifer

이 악어는 쿠바 늪지대 두 곳의 민물에서 살며 몸길이는 약 3미터예요. 그리고 다른 악어들과 달리 물속보다 땅 위에서 더 많은 시간을 보내지요. 그런데 쿠바악어가 자연 상태에서 아메리카악어와 가까이 지내며 짝짓기를 하는 사례가 점점 많아지고 있어서 종이 멸종 위기에 놓였어요. 이렇게 해서 생긴 잡종 개체는 두 악어의 특징을 보이므로 더는 쿠바악어로 볼 수 없답니다. 현재 이런 식으로 진행되는 멸종에 대해서는 어떤 해결책도 없어요. 게다가 지역 주민이 악어 고기를 즐겨 먹기 때문에, 불법 사냥에 의한 위협도 받고 있답니다.

카리브 군도

사바나, 프레리, 성긴 덤불에서

어려움에 부닥친 종들을 최대한 보호하기 위해 동물들을 수용하여 관리하고 감독하는 수많은 자연공원이 있어요. 어떤 동물원은 멸종 위기에 처한 야생종을 사육 상태에서 번식시키는 데 큰 역할을 하기도 하고, 이런 곳에서 희귀 동물이 보호를 받기도 합니다. 그래서 때로는 독일 베를린 동물원에서 아프리카 검은코뿔소가 태어나기도 하지요. 실제로 2010년에 그런 일이 있었답니다.

식물을 위해서는 종자 보존소가 이러한 보호 시설 역할을 해요. 이곳에서는 멸종 위기에 처한 식물 씨앗을 모아들이며, 위험에 처한 식물을 다른 환경에 적응하는 체질로 변화시킵니다.

때로는 보호하던 동식물을 자연환경으로 다시 보내기도 하지만, 이런 시도가 언제나 성공하지는 않아요. 동물원에서 자란 동물은 혼자 먹이를 찾거나 포식자에게 맞설 준비가 되어 있지 않으며, 야생 식물 하나를 낯선 자연환경에서 번식시키는 것은 대단히 어려운 일이 될 수도 있으니까요.

올바른 해결책은 앞으로 이러한 보호 시설이 아예 필요하지 않도록 우리와 함께 노력하는 것뿐이겠지요!

시칠리아전나무 *Abies nebrodensis*

이 큰 전나무는 시칠리아 섬 북동부 스칼로네 산의 건조한 석회 비탈에서 자라요. 오랫동안 건축 자재로 이용되어, 20세기 초에 멸종한 것으로 여겨졌지요. 그러다가 1957년 몇 그루가 발견되어 곧 삼림감시원들의 보호를 받게 되었어요. 그러나 지금도 산불과 이웃한 전나무 종과의 유전자 혼합 때문에 위기에 처해 있으며, 현재 30여 그루밖에 남지 않았습니다.

모리스무릇 *Scilla morrisii*

무릇은 예쁜 보라색 꽃이 피는 약 20센티미터 크기의 식물로, 참나무 숲의 높고 길게 굽은 나뭇가지 아래나 그늘진 비탈에서 자라요. 다년생 식물이라서 알뿌리에 양분을 저장하여 겨울을 나고, 그 저장 물질 덕분에 봄에 다시 꽃을 피우지요. 오늘날에는 키프로스 섬에서만 찾아볼 수 있으나, 고작 2제곱킬로미터도 안 되는 면적에 600개체 정도만 남아 있을 뿐이에요. 그래서 사람에게 해로운 독성이 있는데도 무릇을 살리기 위해 종자 보관소에 씨앗을 보관하기 시작했어요.

스페인스라소니 *Lynx pardinus*

소형 고양잇과에 속하는 스라소니는 귀 위와 턱밑의 털 뭉치 덕분에 알아보기 쉬워요. 작은 동물만 먹고 사는데 주로 토끼를 잡아먹지요. 그러나 도시와 농지 개발로 토끼가 줄어들면서 스라소니도 위기에 처했답니다. 지금은 갇혀 있는 스라소니를 자연환경에 풀어놓는 계획을 세우고 있으나, 그러려면 먼저 그 영역에서 토끼가 확실히 살아남고 번식하도록 해야 합니다. 이제 스페인스라소니는 스페인 남서부 몇몇 지역에 백 마리 정도만 흩어져 살 뿐이에요.

유럽 지중해 숲

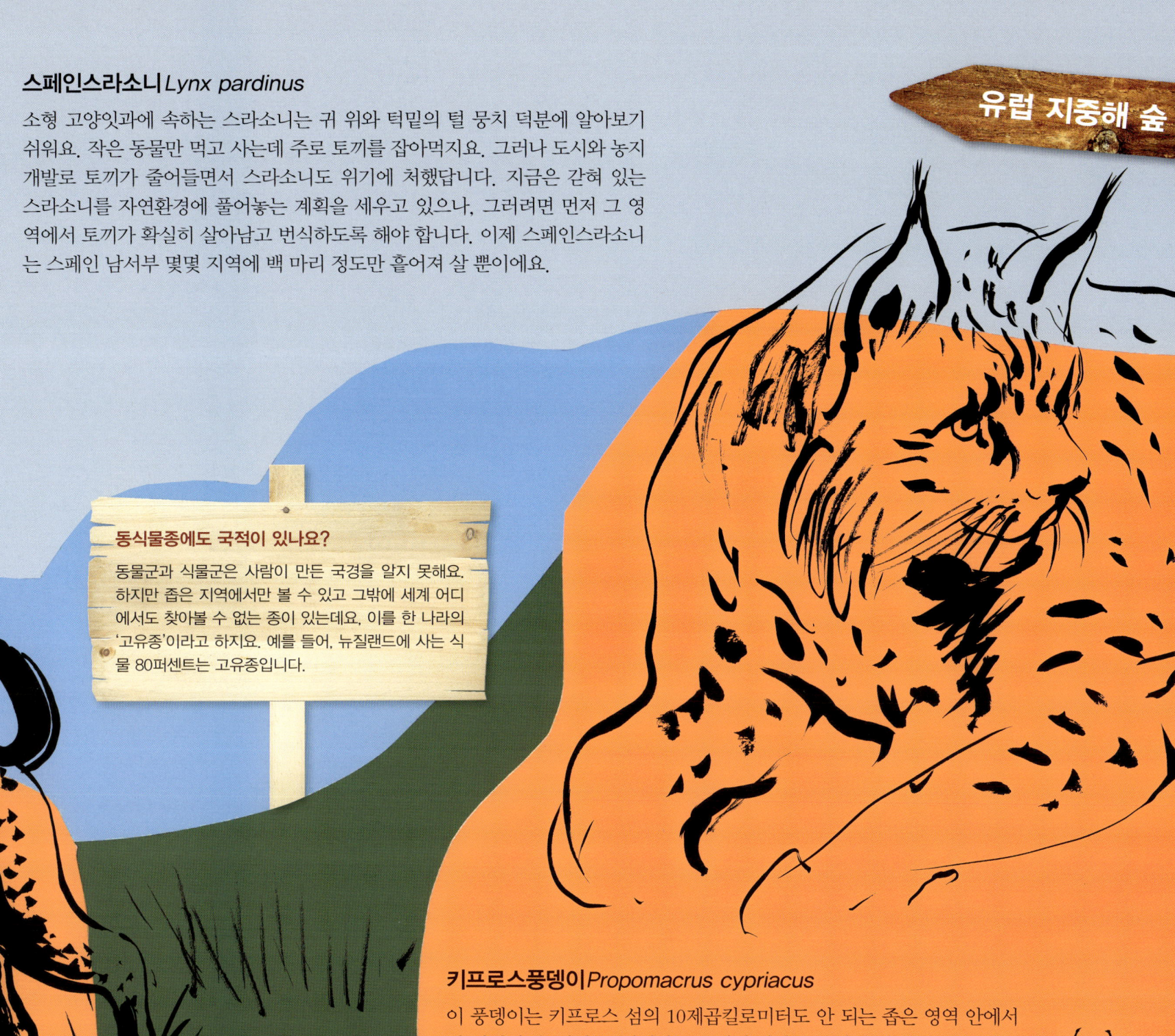

동식물종에도 국적이 있나요?

동물군과 식물군은 사람이 만든 국경을 알지 못해요. 하지만 좁은 지역에서만 볼 수 있고 그밖에 세계 어디에서도 찾아볼 수 없는 종이 있는데요, 이를 한 나라의 '고유종'이라고 하지요. 예를 들어, 뉴질랜드에 사는 식물 80퍼센트는 고유종입니다.

키프로스풍뎅이 *Propomacrus cypriacus*

이 풍뎅이는 키프로스 섬의 10제곱킬로미터도 안 되는 좁은 영역 안에서만 찾아볼 수 있어요. 썩어가는 오래된 참나무 줄기 속에 살며 알을 낳는데, 이 특수한 서식지가 점점 드물어지자 키프로스풍뎅이도 사라지고 있지요. 게다가 한 나무가 죽으면 새 나무가 바로 생기지 않으므로, 남아 있는 나무들을 보호하는 동시에 서둘러서 새 나무를 심어야 해요. 그러나 과연 이 작은 풍뎅이가 참나무들이 자라서 늙고 썩기까지 기다릴 수 있을까요?

아조레스피리새 *Pyrrhula murina*

아조레스피리새는 포르투갈 아조레스 제도의 상미겔 섬에만 살며, 세계에서 고사리 포자를 먹는 희귀한 새들 가운데 하나이기도 합니다. 옛날에는 수가 너무 많아서 감귤나무를 재배하는 농부들이 꽃을 따먹는 이 새들을 쫓아버려야 했어요. 오늘날 마지막 피리새들은 남아 있는 라우리실바(월계수 숲)에 의존하면서, 계절에 따라 다양한 식물을 먹고 살아요. 그러나 라우리실바는 외래 식물종 때문에 조금씩 사라지고 있다가, 최근 시행된 보호 프로그램 덕분에 다시 면적이 넓어졌어요. 그리고 피리새 개체군도 매우 빠른 속도로 다시 늘어나고 있음이 확인되었답니다.

환경 변화가 농민들에게 이익일까요, 손해일까요?

전 세계 숲이 점점 농사를 짓는 땅으로 변하고 있어요. 하지만 해마다 농지 가운데 이탈리아의 넓이와 같은 크기의 3,000만 헥타르*가 사라지고 있지요. 이러한 현상은 도시와 산업 지대가 확대되면서 소규모 농사를 짓던 사람들이 농지를 떠날 수밖에 없기 때문이에요. 반대로 '숲을 먹어치우는' 농업 경영자는 대개 돈을 벌기 위해서라면 무슨 일이든 할 수 있는 큰 회사들이랍니다.

***헥타르** 넓이를 나타내는 단위로, 1헥타르는 1만 제곱미터예요.

터키도롱뇽 *Lyciasalamandra billae*

주황색과 갈색이 도는 피부를 가진 이 도롱뇽은 터키 남부의 잡목 숲과 소나무 숲에만 살아요. 한 배에 한두 마리의 새끼를 낳는데, 새끼도 적게 낳을 뿐 아니라 임신 기간이 거의 1년 동안 계속되지요. 그러나 터키도롱뇽이 심각한 위기에 놓인 가장 큰 이유는, 지역 경제 개발로 자연이 파괴되는데다가 이 도롱뇽을 좋아하는 수집가들 때문이에요. 색깔도 특이하지만, 혀를 내밀지 못하고 몸길이보다 꼬리가 짧으며, 한 개의 발가락에 뼈 하나가 더 많다는 이유로 마구 수집되고 있어요.

시칠리아느룹나무 *Zelkoba sicula*

이 작은 나무는 시칠리아 남부 코르크떡갈나무 숲 한가운데 있어요. 1991년에 처음 발견되었는데, 지금은 겨우 200~250그루밖에 남지 않았어요. 몇 세기 전부터 이 숲을 지나치게 개발해 온 데다 기후 온난화가 겹치면서 그 수가 줄어든 것이지요. 이 나무는 아시아와 크레타 섬, 시칠리아 섬에 몇몇 사촌들이 있는데, 이들 역시 옛날에는 훨씬 널리 퍼져 있다가 지금은 일부만 살아남았어요. 물 부족 현상이 오래가면 이 떨기나무는 사라지게 될 거예요. 프랑스 브레스트, 이탈리아 피렌체와 카타니아의 보존소에서 시칠리아느룹나무의 씨앗을 소중하게 보관하고 있답니다.

시칠리아느타리
Pleurotus nebrodensis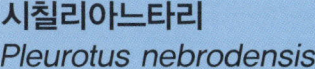

느타리는 동물도 식물도 아닌 균류이며, 흙 속에 숨어 있다가 번식기에만 공기 중에 일부를 보이지요. 이 느타리는 시칠리아 섬 북부 마도니에 산 석회 암석 위에서만 나는데, 해마다 그 가운데 250개체만이 성체가 됩니다. 오래전부터 다 자라기 전에 사람들에게 채집되었기 때문이에요. 포자를 밖으로 내보내서 싹을 틔우고 새로운 개체가 나올 겨를이 없는 거지요. 그러나 지금은 맛과 향을 그대로 간직한 채 시칠리아느타리를 재배할 수 있게 되었답니다.

지중해 잡목 숲과 황무지

섬회색여우 *Urocyon littoralis*

이 여우는 북아메리카 대륙에 사는 회색여우의 자손으로, 고양이보다 몸집이 작아요. 1만 년 전 캘리포니아 앞바다 채널 제도에 홀로 떨어져 살며 대륙의 사촌들과는 다르게 진화했어요. 오늘날 섬회색여우는 아종을 이룹니다. 그리고 왕독수리가 좋아하는 먹잇감인데, 사람들이 채널 제도에 돼지를 기르기 시작하면서 왕독수리가 나타나게 되었답니다.

북아메리카 프레리

프랭클린뒝벌 *Bombus franklini*

프랭클린뒝벌은 미국 서부 해안의 아주 좁은 영역에서만 살아요. 무리를 이루어 사는 사회적 곤충으로, 그 안에서 각 개체는 서로 꼭 필요한 역할을 맡고 있지요. 이 뒝벌은 설치류가 파놓은 버려진 굴속에 벌집을 만들며, 꽃꿀과 꽃가루를 먹고 살아요. 대신 꽃가루를 옮겨주어 꽃이 씨앗과 열매를 맺을 수 있게 해요. 어떤 식물은 꽃가루를 옮겨주는 곤충이 프랭클린뒝벌 밖에 없어서, 이 벌이 사라지면 더는 번식할 수 없을지도 몰라요. 하지만 밖에서 들어온 질병과 살충 농약 때문에 그 수가 줄어들고 있답니다.

특별한 종자 보존소가 있다면서요?

2007년 노르웨이가 처음 세운 종자 보존소는 전 세계에 있는 1,400개의 종자 보존소 가운데에서도 유난히 특이해요. 북극에서 아주 가까운 스피츠베르겐 섬에 있는데, 재배종 씨앗 4,500만 종을 섭씨 영하 18도라는 이상적인 온도에서 보관하고 있지요. 이 씨앗들은 녹이기만 하면 바로 땅에 심을 수 있습니다.

캔자스이끼 Ozobryum ogalalense

이 이끼는 미국 한가운데 캔자스 주의 아주 좁은 땅에서만 나며, 살아남는 데 꼭 필요한 습기를 지닌 석회암 토양에서 자라요. 이끼는 4억여 년 전 지구를 점령한 최초의 식물인데, 그 구조가 단순하기에 가능한 일이지요. 이끼는 꽃도 뿌리도 없는 데다 크기가 작아서 몇 가지 조건만 갖추어도 살 수 있답니다. 그러나 이 이끼가 자라는 근처 프레리*에서 사람들이 사육하는 동물들이 풀을 뜯고 있어 위협이 됩니다.

* 프레리 캐나다 중남부에서 미국 텍사스 주에 걸쳐 있는 초원으로, 옥수수, 밀, 목화 따위가 나요.

램지계곡표범개구리
Lithobates subaquavocalis

이 개구리는 피부에 흩어져 있는 조그만 검은 점들 때문에 '표범개구리'라고 불려요. 수질 오염과 다른 동물들과의 경쟁 때문에 개체군이 줄어서, 지금은 캔자스 주 남부의 물웅덩이 몇 군데에만 남아 있지요. 그래서 1999년 이곳에 400개의 알 무더기를 다시 들여왔고, 4년 뒤에는 400마리의 성체 개구리로 자랐어요. 최근에 수많은 야생 알이 확인되어, 마침내 이 개구리 개체군의 감소를 막았다고 판단하고 있습니다.

남방안데스사슴
Hippocamelus bisulcus

남방안데스사슴은 산에서 살기 좋게 적응되어 다리가 짧아요. 아르헨티나 남부에 500마리, 칠레에 1,000여 마리가 남아 있으며, 멸종 위기 새인 콘도르와 함께 칠레의 국가 문장*에도 나오지요. 현재 이 사슴은 멸종되고 있어요. 도로가 늘어나고 농지가 확장되는 바람에 서로 떨어져서 작은 무리를 지어 살다 보니, 공격 받기 쉬워졌기 때문이에요.

＊문장 국가나 단체 따위를 나타내기 위하여 사용하는 상징적인 표지예요.

태양앵무새
Aratinga solstitialis

화려한 깃털을 가진 태양앵무새는 1970년대까지 매우 흔했어요. 그러나 판매하기 위해 집중적으로 덫을 놓아 잡는 바람에 개체군이 빠른 속도로 줄어들었어요. 지금은 한때 이 새의 영역이었던 브라질, 프랑스령 기아나, 베네수엘라 숲 근처에서도 보기 어려워요. 반면 애완동물 시장에서는 볼 수 있으며, 아름다운 빛깔과 명랑한 성격 때문에 찾는 이가 많습니다.

히아신스마카우
Anodorhynchus hyacinthinus

이 새는 세계에서 가장 큰 앵무새로, 키가 1미터나 되는 것도 있어요. 브라질과 파라과이, 볼리비아 열대 숲 근처에 살며, 종려나무에서 열리는 다양한 견과류를 먹어요. 히아신스마카우는 불법 사냥을 비롯하여 솟과* 가축 사육을 위한 숲 파괴, 그리고 수력발전용 댐 건설 때문에 빠르게 숫자가 감소했어요.

*솟과 포유강 소목의 한 과예요. 보통 암수 모두 뿔이 있으며, 초식성으로 되새김을 해요. 영양, 소, 들소, 물소, 염소, 양 따위가 있어요.

근친교배란 무엇인가요?
한 종의 개체군이 지나치게 줄어들어 한 가족에 속하는 개체들 사이에 번식이 이루어질 때, '근친교배'가 일어난다고 말해요. 그러나 근친교배가 이루어지면 유전병에 걸릴 위험이 커져 종의 생존이 더욱 위태로워지지요. 그 예로 치타를 들 수 있어요.

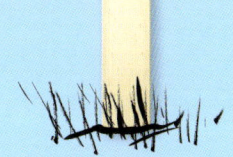

남아메리카 사바나와 프레리

노란홍관조 *Gubernatrix cristata*

이 새는 아르헨티나, 우루과이, 브라질 남부에 퍼져 있었지만, 지금은 매우 희귀해졌어요. 나무가 드문드문한 사바나에 사는데, 가축을 먹이기 위한 목초지로 변하거나 가구를 만들려고 나무를 베어 내는 바람에 서식지가 사라지고 있답니다. 또한, 수컷은 노래하는 새로 팔리고 있어서, 번식하는 데 어려움을 겪고 있어요.

남아프리카 덤불

강토끼
Bunolagus monticularis

강토끼는 갈색 털에 아주 긴 귀를 가진 야행성 동물이에요. 철에 따라 생기는 강 근처의 무성한 덤불에 살아요. 강토끼의 서식지는 지난 세기 동안 3분의 2나 줄었는데요, 이 기름진 땅이 농지가 되었기 때문이에요. 지금은 250쌍 정도밖에 남지 않았고, 남아프리카공화국 중심부에서만 강토끼를 만날 수 있어요. 게다가 세대 교체도 느려서, 한 배에 한 마리의 새끼밖에 낳지 않는답니다.

거대화살통나무 *Aloe pillansii*

알로에과에 속하는 이 아름다운 나무는 키가 10미터에 달하며, 줄기가 매끈하고 나뭇잎은 꼭대기에 몇 다발만 있어요. 나미비아와 남아프리카공화국의 좁은 지역에 나는데, 그곳에서 생물다양성의 중심을 이룹니다. 이 나무는 많은 새에게 더위를 막아 주는 보금자리가 되며, 먹이와 습기를 제공하지요.
그러나 화초 상인과 수집가들 때문에 200그루밖에 남지 않았어요. 더구나 그 가운데 많은 수가 나이 많은 나무이고, 성장 중인 나무는 거의 없답니다.

남아프리카소철 *Encephalartos latifrons*

이 소철의 겉모습은 야자나무와 비슷하며, 남아프리카공화국에 몇십 그루도 남지 않았어요. 꽃가루를 옮기던 곤충들이 공해에 시달리다가 멸종되었거든요. 안타깝게도 1925년 이후 이 나무에 씨앗이 맺힌 사례는 아직까지 확인되지 않았습니다.

검은코뿔소 *Diceros bicornis*

검은코뿔소는 두 개의 뿔을 가졌어요. 20세기만 해도 코뿔소 종 가운데 가장 수가 많았지만, 지금은 아프리카의 어떤 나라들에서는 볼 수 없어요. 1995년에 2,400마리까지 그 수가 줄어들었다가, 이 종을 보호하기 위한 엄격한 대책이 세워지자 다시 늘어나기 시작했어요. 검은코뿔소를 사냥하는 일은 불법이지만, 여전히 몰래 사냥하는 사람들에게 희생되고 있어요. 코뿔소의 뿔은 중국 전통 약재와 장식품으로 비싼 값에 팔리거든요.

종들 사이에서 어떤 일들이 일어나요?

종은 세대를 거치며 진화해요. 그리고 진화하면서 자기 생태계에 적응하는데, 동시에 그 생태계를 이루는 다른 종에게도 적응하게 됩니다. 오늘날 몇몇 종들 사이에서 상호작용이 관찰되고 있는데요, 이는 길고 느린 이 '공동 진화'의 열매라고 볼 수 있어요. 예를 들어, 어떤 아카시아나무는 개미들에게 집과 먹이를 제공하고, 개미들은 그 대신 다른 침입자로부터 아카시아나무를 지켜줍니다. 따라서 하나의 종은 공동 진화한 종이 멸종하면 위기에 처할 수 있으며, 다시 적응하는 데는 몇 세기라는 긴 시간이 필요하답니다.

이란 구릉 지대

아시아치타 *Acinonyx jubatus venaticus*

치타는 세계에서 가장 빠른 육상 포유류예요. 4초 안에 시속 100킬로미터가 넘는 속력을 낼 수 있거든요. 현재 아프리카에 1만~1만 5,000마리가 사는 것으로 보여요. 아시아치타는 그보다 훨씬 희귀해서, 이제 이란 사막 지역에 수십 마리밖에 남지 않았어요. 게다가 그 가운데 절반 이상이 어린 새끼들이라, 수년 안에는 번식할 수 없어요. 옛날에 아시아치타는 아시아 중심부에서 인도까지 퍼져 있었으나, 농지가 확대되면서 먹이가 부족해져 점차 사라지게 되었지요.
개체 수가 더 많은 아프리카치타 역시 위기입니다. 영역의 4분의 3을 잃는 바람에, 순조롭게 세대교체가 이루어질 만큼 그 수가 충분하지 못하니까요.

카이저점박이영원 *Neurergus kaiseri*

이 검은색 영원*은 이란 남부 산지에 살아요. 불규칙한 모양의 흰 반점들이 있고, 발과 배는 주황색이며, 등에도 주황색 띠가 있어요. 주로 미국과 일본으로 팔려 가는 불법 거래 때문에 10년 사이에 개체 수가 눈에 띄게 줄었어요. 불행히도 이러한 거래는 인터넷을 통해서 더 널리 퍼지고 있습니다.

* **영원** 도롱뇽목 영원과의 동물을 이르는 말이에요. 몸은 가늘고 길며, 세로로 납작한 긴 꼬리를 가지고 있고, 네발은 짧고 물갈퀴가 있어요.

페르시아사슴 *Dama mesopotamica*

페르시아사슴은 수천 년 전부터 중동 전 지역에 살았었지만, 1940년에 멸종되었다고 알려졌어요. 하지만 약 15년 뒤 이란 서부에서 25마리 정도의 조그만 개체군 하나가 다시 발견되었지요. 그 뒤로 이란과 이스라엘에서는 동물원에서 태어난 사슴을 자연에 다시 보내는 일을 계획하여 다양하게 시도했습니다.

붉은가슴기러기 *Branta ruficollis*

이 기러기는 세계에서 가장 아름답고도 가장 희귀한 기러기 가운데 하나예요. 러시아 북부 툰드라에서 여름을 나면서 6월에 번식하고, 겨울에는 카스피 해 방향으로 이동합니다. 그런데 둥지를 트는 곳이나 가을 이동 시기에 우크라이나에서 사냥꾼들에게 위협을 받아요. 게다가 기후가 변함에 따라 툰드라의 서식지도 변화하여, 번식이 힘들어지고 있어요.

내일의 지구는 어떠할까요?

환경 보호 단체들이 환경을 파괴하는 행동들에 항의할 때, 어떤 사람은 이들이 너무 호들갑을 떤다며 상황이 그렇게 심각하지는 않다고 말합니다. 하지만 어떤 종은 이미 지구 상에서 완전히 멸종되었고, 많은 종이 곧 멸종될 위기에 처해 있어요.

또 어떤 사람은 멸종 위기에 처한 종을 구하려면 해야 할 일이 너무 많다며 힘들어 합니다. 하지만 멸종 위기의 동식물이 적힌 '적색 목록'이나, 삼림을 마구 베어버리는 산업 개발에 맞서 걸어 놓는 현수막만으로 생물다양성을 지켜낼 수 있을까요? 그럼에도 우리는 해달이나 몽고야생말 같은 종을 멸종 위기에서 이미 완전히 구했어요. 그리고 다른 많은 종 역시 멸종으로부터 구하는 중이에요.

사람들, 심지어 국가들까지도 때때로 사람을 자연보다 우위에 두면서, 언제나 머리를 써서 위기를 잘 빠져나갈 수 있다고 생각해요. 그리고 자신은 지구 상의 생물을 구하기 위한 이 전투와 별 상관이 없는 줄 알지요. 하지만 사람도 생물다양성의 일부이므로 환경 파괴의 영향을 받습니다. 고립되어 있던 부족들은 그들의 숲을 떠날 수밖에 없고, 사육자들은 오랫동안 지켜왔던 질서를 버려야 하며, 어부들은 직업을 바꾸거나 나라를 떠나야 합니다.

그러나 지구의 앞날에 대해 긍정적으로 생각하는 것도 중요합니다. 사람에게는 생물다양성의 미래, 즉 우리와 지구의 미래를 결정하는 열쇠가 있거든요.

여행비둘기 Ectopistes migratorius

19세기 초 북아메리카에는 철에 따라 이동하는 여행비둘기가 아주 많았어요. 날아가는 비둘기 무리가 몇 시간 동안 해를 가려, 하늘이 캄캄해질 정도였지요. 어떤 때는 20억 마리가 넘는 비둘기가 한 무리를 이루어 함께 이동하기도 했어요! 따라서 자연의 포식자들은 잘 막을 수 있었지만, 사람들의 사냥은 막지 못했어요. 겨냥도 하지 않은 채 총을 허공에 쏘기만 해도 맞았거든요. 한편, 비둘기 고기는 아주 값이 싸서 주로 노예를 위한 식량으로 많은 양이 거래되었어요. 사람들은 하루에 수만 마리씩, 몇 달에 걸쳐 여행비둘기를 죽였답니다. 심지어 비둘기 사냥 대회까지 열었고, 혼자서 3만 마리 이상을 죽인 사람도 있었어요. 거대한 집단을 이루고 살다가 적은 수로 무리를 짓게 된 여행비둘기는, 먹이를 찾거나 번식하는데 어려움을 겪다가 결국 몇십 년 만에 멸종되었습니다.

멸종된 종이 다시 나타날 수 있나요?

박제된 동물이나 빙하 속에 냉동되거나 건조된 세포 조직은 어떻게 해도 다시 살아날 수 없어요. 생물다양성에서 사라진 동식물종은 그야말로 영원히 사라진 것이지요. 때로는 이들의 멸종으로 생태계가 변하며, 결국 우리가 가진 것들이 보잘것없어집니다. 멸종된 종들의 형태와 특성, 생태나 번식 방법은 우리가 세계에 대한 의문을 가지거나 사고할 때, 다양한 관점으로 바라보도록 도와주지요.

이미 사라졌어요

도도새 Raphus cucullatus

1598년 네덜란드 선원들이 향료 뱃길을 따라 인도로 항해하던 중, 모리셔스 섬에서 도도새를 발견했어요. 비둘기목에 속하는 이 새는 키가 1미터에 무게는 20킬로가 넘었지요. 섬에서 포식자 없이 안전하게 살아왔으므로, 도도새는 사람에 대해 아무 두려움도 느끼지 않았어요. 더구나 이 새는 날 수 없어서 사람들은 아주 쉽게 이 새를 잡았어요. 그뿐만 아니라 사람이 데리고 온 들쥐, 돼지, 원숭이가 도도새의 둥지를 약탈했고, 마침내 발견된 지 100년도 지나지 않아 완전히 멸종했어요.

크리팬지
Viola cryana

이 작은 제비꽃은 프랑스 욘 지방 크리웁 근처 몇몇 마을의 석회 절벽 위에 피었어요. 사람들은 씨앗을 퍼뜨려 주는 개미들의 움직임을 보고, 비탈이나 흙더미 위에서 이 꽃을 찾을 수 있었어요. 그러나 석회암 채석장을 넓히는 공사와 수집가들의 채취 때문에 크리팬지는 1930년에 완전히 멸종되었지요. 식물학계에 보고된 지 70년도 못 되어 사라진 것입니다.

콰가얼룩말 *Equus quagga quagga*

이 얼룩말은 독특한 베이지색 가죽에 앞부분에만 줄무늬가 있으며, 현재 남아프리카공화국이 있는 건조한 프레리에 큰 무리를 지어 살았어요. 이곳 사람들은 오래전부터 콰가얼룩말 고기를 먹었지만, 개체 수에 큰 영향을 미치지는 않았어요. 그러나 네덜란드인들이 아프리카 남부를 식민지화하면서 이 얼룩말을 집중적으로 사냥하기 시작했어요. 식민지 개척자들은 고기는 물론이고 비싼 가방을 만들 아름다운 가죽을 특히 좋아해서, 얼룩말을 마구 죽였답니다. 그 결과, 19세기 말에는 살아 있는 콰가얼룩말을 단 한 마리도 볼 수 없게 되었지요.

큰바다쇠오리 *Pinguinus impennis*

큰바다쇠오리는 북대서양의 섬들에 둥지를 틀었는데, 그곳은 유럽과 아메리카를 잇는 뱃길이었어요. 대서양을 가로지르는 긴 항해 중에 이 새의 고기와 알은 영양을 공급하는 중요한 식량이었고, 선원들은 모자 장식으로 인기가 많은 깃털과 지방까지도 가져다 팔았어요. 게다가 이 새는 물속에서는 날렵하지만 땅 위에서는 움직임이 서툴러서, 특히 큰 집단을 이루어 둥지를 틀 때 쉽게 잡혔지요. 그러자 큰바다쇠오리는 사람을 피해 점점 선원들이 접근하기 어려운 섬으로 이동했어요. 아이슬란드 남쪽에 있는 '가이르풀라스케어'라는 섬에 머물렀는데, 이 섬 근처에는 강한 해류가 흐르고 있어서 어떤 배도 다가갈 수 없었어요. 그러나 1830년 해저 화산 폭발로 섬이 가라앉았고, 큰바다쇠오리는 그로부터 몇 년 뒤에 영원히 사라졌답니다.

일본늑대
Canis lupus hodophilax

일본늑대는 늑대 가운데 가장 작아서 키가 25센티미터 정도였어요. 1732년에 일본에 광견병이 들어왔는데, 이 바이러스성 질병은 일본늑대에게 큰 타격을 주었어요. 그리고 18~19세기에 산림 벌채로 서식지와 먹잇감이 줄어들자, 일본늑대는 농장의 가축을 잡아먹기 시작했지요. 그러자 광견병에 대한 불안과 가축에 입는 피해 때문에 사람들은 늑대를 완전히 없애버리려 했습니다. 결국, 마지막 일본늑대가 20세기 초에 죽었습니다.

몽고야생말 *Equus ferus przewalskii*

몽고야생말은 작달막한 체형과 황금빛 도는 다갈색 털 때문에 라스코 동굴 벽화*의 말과 혼동할 만큼 닮았어요. 이 말은 마지막으로 남은 야생마이기도 해요. 고향인 중앙아시아 스텝에서 다른 동물들과 치열한 경쟁을 벌였고, 때때로 유난히 매서운 추위를 견뎌야 했지요. 그러나 사냥되거나 산 채로 잡혀서 1970년대에 야생 상태에서 사라졌습니다.

이 종을 살리기 위해, 동물원에서 교배로 태어난 말 몇 마리를 프랑스 로제르의 고원 같은 곳에 반 야생 상태로 풀어 두었어요. 이곳에서 말들은 무리지어 사는 법과 스스로 먹이를 찾는 법을 다시 익혔지요. 자연에서 태어난 망아지는 사육 상태에서 자란 부모보다 더 쉽게 살아남았어요. 그다음, 젊은 말들이 아시아 스텝으로 다시 들어갔고, 마지막 야생말이 사라지고 20여 년 뒤에 첫 번째 번식이 이루어졌답니다. 오늘날 몽골과 중국의 스텝에서 사는 몽고야생말은 300마리가 넘습니다.

*라스코 동굴 벽화 프랑스의 도르도뉴 지방에 있는 동굴 벽화로, 1940년에 발견된 구석기 시대 유적이에요. 약 100점의 동물상이 그려져 있어요.

아메리카들소 *Bison bison*

유럽인들이 도착하기 전, 북아메리카 대평원에는 6,000만 마리가 넘는 들소가 살았어요. 수족, 샤이엔족, 코만치족은 들소 고기를 먹었고, 들소 가죽과 털로 천막집과 옷, 모카신을 만들었어요. 이들에게 들소는 꼭 필요한 존재였지요. 하지만 18~19세기 서부 정복 시대에 유럽 식민지 개척자들은 들소를 마구잡이로 죽였어요. 먼저 고기를 먹고 가죽을 팔기 위해서였고, 다음은 식민지 확장을 방해하는 원주민들을 굶주리게 하기 위해서였어요. 결국, 19세기 말 들소는 몇백 마리밖에 남지 않게 되었답니다.

다행히 1905년에 보호 단체가 창설되어 들소를 지키는 데 성공했고, 지금은 미국과 캐나다에 약 1만 5,000마리의 야생 들소가 자유롭게 살고 있어요.

수염수리 *Gypaetus barbatus*

이 독수리는 수십 미터 높이에서 죽은 동물의 큰 뼈를 돌 위로 떨어뜨려 깨뜨린 뒤 그 골수를 먹어요. 그래서 '뼈 깨는 새'라는 별명이 붙었어요. 수염수리는 아시아와 아프리카에는 비교적 흔하지만 피레네 산맥과 코르시카에서는 드물어졌고, 알프스 산맥에서는 20세기 초에 사라졌어요. 그러다가 1986년부터 알프스 산맥에 150마리에 가까운 수염수리를 다시 들여왔어요. 현재 둥지를 트는 자리가 보호받고 있으며, 항공 표지물은 독수리가 걸리지 않도록 공중 케이블 위에 설치되고 있습니다.

우리가 구했어요!

사람들은 언제 환경을 위한 회의를 하나요?

1992년 리우 지구정상회의가 열린 지 20년 만에 유엔지속가능발전회의(UNCSD, Rio+20)가 브라질 리우데자네이루에서 개최되었어요. 이 자리에서 193개 유엔 회원국의 대표들은 지구의 미래를 위한 몇 가지 중요한 개념에 합의했어요. 즉, 지속 가능한 발전 목표를 세우자는 뜻을 정했고, 유엔환경계획(UNEP)을 강화하자고 다짐했어요. 또한, 시민사회의 역할이 더욱더 확장되어야 한다고 강조했어요. '지속 가능한 발전'이란 개발하려는 열망과 자연 자원을 고갈시키지 않으려는 의지를 함께 존중하려는 개념이에요.

탐발라코크나무 *Sideroxylon grandiflorum*

이 나무는 아프리카 모리셔스 섬에만 나며, 버터나무나 아르간나무와 같은 과에 속해요. 사람들은 그 견과에서 나오는 지방 물질을 사용하지요. 1970년대에 마지막으로 남은 이 나무들의 열매가 싹을 틔우지 못한다는 사실이 확인되었어요. 그런데 이 나무들은 300년 전, 바로 도도새가 사라지기 바로 전에 싹튼 나무들이었지요. 그러자 한 미국 과학자가 이런 가설을 내놓았어요. '도도새가 열매를 삼킨 다음에야 싹을 틔울 수 있지 않을까?' '으깨진 견과에서 나온 씨는 싹을 틔울 수 있지 않을까?' 그래서 도도새와 가까운 동물인 칠면조에게 탐발라코크 열매를 먹여 보았지요. 그랬더니 여러 개가 싹을 틔웠어요. 지금은 앵무새나 거북 등 다른 멸종된 종 또한 견과가 싹트는 것을 도왔으리라고 생각해요. 어쨌든 이 나무가 살아남을 가능성은 커졌답니다.

우리가 구했어요!

지중해포시도니아 *Posidonia oceanica*

이 식물은 지중해 얕은 물속에 나는데, 무성한 물풀이 해저 초원을 이루어 그 속에서 바닷말, 물고기, 조개, 갑각류, 성게, 불가사리, 갑오징어, 문어 등이 살지요. 다시 말해, 하나의 생태계 전체를 이루는 것이에요. 그런데 포시도니아 덤불은 바다 바닥을 긁는 저인망 어선이나 배의 닻에 의해 파괴되고 있어요. 또한, 수질 오염과 무섭게 불어나고 있는 '살인 해초(Caulerpa taxifolia)'와의 경쟁에도 시달리고 있고요. 그래서 1970년부터 '포시도니아 옮겨심기' 프로그램이 추진되고 있습니다.

대왕판다 *Ailuropoda melanoleuca*

이 커다란 곰은 중국 중서부 쓰촨 성과 티베트 산지의 안개 낀 숲 속에 살아요. 주로 대나무를 먹고 사는데, 앞발에 달린 여섯째 발가락 덕분에 아주 효과적으로 줄기 껍질을 벗기지요. 그러나 숲이 개발되고 농사짓는 땅으로 바뀌면서, 판다는 큰 위기에 처해 있어요. 판다들은 새로운 숲을 찾아 다른 산으로 가고 싶어도, 사람들이 골짜기마다 차지하고 있어서 그러지도 못한답니다.

중국에서는 판다 서식지를 보호하기 위해 자연 보호 지역 60여 곳을 지정했어요. 대왕판다와 마찬가지로 대나무를 먹고 사는 너구리판다, 대나무쥐, 타킨 등 다른 종 역시 이곳에서 지내요. 1990년에는 판다가 1,000마리밖에 남지 않았으나, 오늘날은 1,600마리가 넘는답니다.

세계에는 약 2만 종의 벌이 있어요. 벌은 때때로 **양봉가***에게 꿀을 착취당하기도 하지만, 지구 상에 있는 식물 80퍼센트의 가루받이를 맡고 있어요. 즉, 열매와 씨앗의 생산에 결정적인 역할을 합니다. 만약 벌이 없으면 우리가 즐겨 먹는 사과나 배도 없을 거예요. 우리가 소비하는 열량의 3분의 1 이상이 식물계에 미치는 벌의 영향 덕분이라고 해요.

이렇게 유익한 작은 곤충이 오늘날 심각한 위기에 처해 있어요. 여러 가지 병이 걷잡을 수 없게 퍼지면서, 미국에서부터 전 세계에 걸쳐 수많은 벌이 죽었어요. 왜 갑자기 벌이 약해졌을까요? 집약적 농업에서 사용하는 살충제와 관련이 있을까요? 우리는 벌이 하는 일을 대신할 무언가를 찾아야만 할까요?

* **양봉가** 꿀을 얻기 위하여 벌을 기르는 사람이에요.

지구에서 고통받는 사람들

동남아시아 보르네오 섬은 지구에서 생물다양성이 가장 풍부한 곳 가운데 하나로, 이곳에는 2,500종의 난초가 있다고 해요. 하지만 가장 빠른 속도로 열대 숲이 줄어들고 있는 곳이기도 하지요. 유엔에서는 빨리 행동하지 않으면, 2022년에는 보르네오 원시림이 2퍼센트밖에 남지 않을 거라고 말합니다.

화재 말고도 열대 목재 사업이 숲을 크게 파괴하고 있어요. 수만 그루의 나무가 벌채되고 있거든요. 물론 목재를 팔기 위해서지만, 그 자리에 기름야자나무를 심기 위해서이기도 합니다. 그렇게 해서 생태계 전체가 파괴되고, 그곳에 사는 사람들의 생활 방식이 엉망이 되고 있어요.

이러한 상황에서도 보르네오 섬에서 유목 생활을 하는 페낭족은 살아남으려 애쓰고 있어요. **페낭족** 1만 명 가운데 몇백 명은 숲에 의지해서 떠돌아다니며 사냥과 채집으로 살아가는데, 이들은 길을 막고 시위를 벌이며 투쟁합니다. 서바이벌인터내셔널과 같은 국제단체들이 이들을 지지하며, 말레이시아 정부로부터 진정한 보호 조치를 얻어내고자 노력하고 있어요.

토양 오염과 사막화, 해수면 상승으로 사람들 또는 마을 전체가 생활 터전을 떠나야 할 수도 있어요. 이런 사람들을 '환경 난민'이라고 부르지요. 전 세계에 3,000만 명에 가까운 환경 난민이 있으며, 그 숫자는 매우 빠르게 증가하고 있어요. 해발 1미터도 안 되는 낮은 지대에 사는 사람의 수만 해도 1억 명이 넘는데, 해수면은 기후 온난화의 영향으로 걷잡을 수 없이 높아지고 있지요. 벌써 폴리네시아에서는 여러 환상산호초가 사라졌고, 주민은 섬을 떠났어요.

'다섯 머리의 나라'라는 별명을 가진 몽골은 주민 3분의 1이 유목민이에요. 이들은 양이나 말, 야크, 낙타, 염소 떼를 이끌고 스텝 초원을 돌아다녀요. 한편, 몽골은 인기가 많은 부드러운 모직물인 캐시미어의 세계 최대 생산국이에요. 그런데 캐시미어산양은 아주 작고 발견하기 어려운 풀까지, 거의 모든 풀을 뜯어 먹어 순조로운 세대교체를 방해합니다. 기후 변화도 이 나라의 농업에 영향을 미치는데, 겨울이 점점 더 추워지고 있어요. 2009년에는 영하 45도까지 떨어졌는데, 이때 많은 동식물이 얼어 죽었어요.

우리에게 어떤 미래가 있을까요?

모든 사람은 호모 사피엔스라는 하나의 종에 속해요. 개체 수가 70억 명에 이르며, 생활 방식이나 사고방식에서 수많은 차이가 나타나지요. 숲에 사는 사람이나 어부, 전통적인 동물 사육자는 환경 파괴의 영향을 직접 경험합니다. 따라서 가까운 미래에 자신들의 정체성과 본래의 생활 양식, 그리고 생존 방법을 영원히 잃을지도 몰라요.

네네츠족, 이누이트족, 사미족과 같은 **시베리아 북부 원주민들**은 숲 개발뿐 아니라 땅 밑에 묻혀 있는 가스와 석유 개발에도 맞서게 되었어요. 도로와 가스관, 송유관이 이들이 사는 하얀 사막을 변화시키고 있으니까요. 이 지역의 생물다양성은 궁지에 몰려 있으며, 원주민들은 가축 사육도 포기하고 있어요. 순록 떼가 먹을 것을 찾기 어려워졌거든요.

아프리카 서부 해안에서는 고깃배가 잡는 물고기의 수가 점점 줄어들고 있어요. 깊은 물에 사는 물고기 종이 점점 사라지고 있기 때문이에요. 게다가 모래 해안이 침식되어 절벽이 무너지고, 낚시 시설이나 물고기를 말리는 시설과 주거지가 점점 멀리 밀려나 **세네갈 어부들**은 큰 피해를 입고 있어요.
이것은 대부분 기후 온난화로 해수면이 높아지고 있기 때문이지만, 건물을 짓기 위해 대규모로 모래를 채취하는 것도 원인입니다. 세네갈은 경제 활동의 80퍼센트, 즉 60만 명이 바다에 의지해서 살고 있어 더욱 심각합니다.

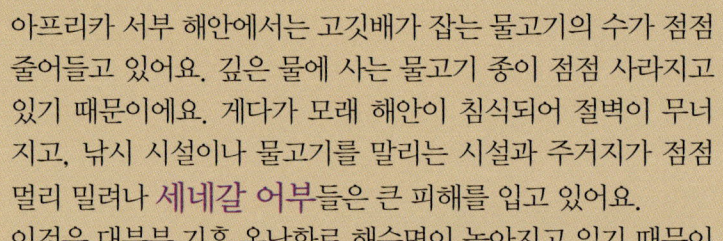

기후가 온난해지자 대기가 더욱 건조해지고 비가 오는 시기도 달라져서, 농업 활동까지 혼란에 빠지게 되었어요. 예를 들면, 케냐의 **마사이족 사육자들**은 필요한 것을 땅에서 얻기가 매우 어려워져서, 마실 물을 찾기 위해 점점 더 멀리 가야 하지요. 그리고 수많은 마사이족이 정체성의 바탕이 되는 문화와 마을을 버리고 다른 곳으로 일하러 떠나야만 해요.

케냐에서는 유럽 시장을 위한 꽃 농사가 10년 전부터 빠른 속도로 발전하고 있어요. 그러나 꽃에 물을 주기 위해 나이바샤 호수에서 많은 물을 퍼내는 데다가, 살충제가 든 물을 제대로 처리하지 않은 채 호수에 쏟아 버리고 있어요. 이제 어부들은 그들의 호수를 바닥내는 꽃을 돌보는 노동자가 될 수밖에 없답니다.

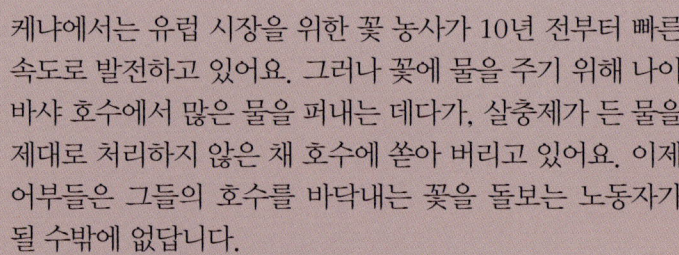

이들 나라에 어떻게 힘을 보탤까요?

산업화한 나라의 국민도 어려움에 부닥친 민족에게 힘을 보탤 수 있어요. 이를테면 산림 벌채에 투자하거나 기후 온난화를 부추기는 기업에 압력을 가할 수 있겠지요. 또한, 유기농법으로 생산한 농산품이나, 그 상품을 만든 사람들을 존중하는 '**공정 무역**' 상품을 사는 소비자가 되어 도울 수 있어요.

지구에서 고통받는 사람들

브라질, 아르헨티나, 파라과이에 사는 **과라니족** 공동체는 급격한 환경 변화를 맞고 있어요. 다국적 기업들이 농업 연료나 유전자 조작 콩 생산을 증대하기 위해서 해마다 몇십만 헥타르의 숲을 벌채하고 있거든요. 그렇게 해서 아르헨티나는 몇 년 만에 세계 3위의 콩 생산국이 되었으나, 이 나라의 삼림 벌채율은 세계 평균보다 6배나 높아요. 과라니족은 그들의 숲과 땅을 조금씩 포기하거나, 아예 쫓겨날 형편입니다.

과연 누가 안전할까요?

오늘날 지구에 사는 어떤 사람이 생물다양성 훼손으로부터 안전하다고 할 수 있을까요? 실제로 아무도 없어요! 우리와 자연의 삶은 그만큼 복잡하게 얽혀 있거든요. 우리는 숨을 쉬고, 먹고, 여행하고, 식물을 기릅니다. 지구에 대한 걱정은 우리 모두와 관계가 있어요. 우리가 사는 별을 바꾸지 않는 한 말이지요!

해달 *Enhydra lutris*

해달은 헤엄을 매우 잘 치며, 북태평양 물속에서 성게와 연체동물을 잡아먹어요. 배 위에 납작한 돌을 올려놓고 받침으로 삼아 쉽게 조개껍데기를 깨지요. 해달은 동물 중 가장 촘촘하고 부드러운 털가죽을 가졌는데요, 18세기부터 가죽 매매를 위한 큰 규모의 사냥으로 많은 해달이 죽었어요. 따라서 수십만 마리였던 개체 수가 1911년에는 고작 2,000마리로 뚝 떨어졌어요. 같은 해 처음으로 미국, 러시아, 일본, 영국이 해달 사냥을 규제하는 국제 조약에 합의했지요. 그 뒤로 해달은 보호 활동과 재도입 프로그램 덕분에 몇 곳의 서식지를 다시 찾았어요.

생물다양성 관련 단체에서는 어른이나 어린이 모두 위기에 처한 생물다양성을 지키기 위해 구체적으로 행동해 달라고 부탁하고 있어요. 아래는 중요한 단체 몇 곳의 웹사이트 주소예요.

www.kbif.re.kr 한국생물다양성 정보기구
www.ibdr.co.kr 생물다양성연구소
greenpeace.org/Korea 그린피스
www.gbif.org 세계생물다양성정보기구

❖ 찾아보기 ❖

가는물부추 52
가시꼬리이구아나 51
갈색곰 43
갈색농어 56
강토끼 74
거대화살통나무 75
검은수염사키원숭이 20
검은코뿔소 75
그랑디디에몽구스(큰줄무늬몽구스) 27
긴꼬리친칠라 47
긴머리매가오리 61
길버트쥐캥거루 40
남다파날다람쥐 15
남방안데스사슴 72
남아프리카소철 75
노란홍관조 73
노랑귀앵무 23
대모거북 50
대모잠자리 53
대서양넙치 58
대왕판다 85
댕기물떼새 35
데이도마뱀붙이(청록꼬리도마뱀붙이) 27
도도새 80
독수리 42
라플레시아 19
램지계곡표범개구리 71
레만독개구리 22
만타나니베사르달팽이 18
만텔키위새 40
말라바사향고양이 15
모리스무릇 66
몽고야생말 82
무지개개구리 26
무지개풀 41
방아벌레 43
밴쿠버섬기니피그 39

베르트부인쥐여우원숭이 26
벨루가(큰철갑상어) 57
북극펠트지의류 39
북방긴수염고래 59
붉은가슴기러기 77
브리턴로즈선인장 36
비단시파카 26
사과홍수 50
사슴뿔산호 62
사이가산양 35
사파이어장식땅거미 15
산고릴라 28
산악맥 46
산퀸틴캥거루쥐 37
살라만카도마뱀 44
섬회색여우 70
세가락가시두더지 41
세발가락나무늘보 20
세부꽃새 18
수마트라오랑우탄 16
수마트라호랑이 17
수염수리 83
숲올빼미 14
슈트레제만까마귀 32
스페인스라소니 67
스펭글러민물홍합 54
시베리아황새 38
시칠리아느릅나무 69
시칠리아느타리 69
시칠리아전나무 66
실꾸리선인장 37
실러캔스 60
아메리카들소 83
아메시엘라(필리핀풍란) 19
아무르표범 52
아베롱흑란 43
아시아치타 76

아조레스피리새 68
아프리카야생당나귀 32
악어눈홍수 51
안달루시아마늘 44
안데스고양이 47
안데스의여왕 46
안틸레스해우 58
앤드루스군함조 16
야생쌍봉낙타 34
양쯔강돌고래 53
에페이로스눈반점나비 45
여행비둘기 80
왕관독수리 21
우삼바라일랑일랑 29
유럽담비 54
유럽몽크바다표범 56
유럽뱀장어 55
유황앵무 16
이집트거북(클라인만거북) 33
일본늑대 81
작은이빨톱가오리 62
점박이부치 60
주름코뿔새 18
중국장수도롱뇽 52
중동뱀 33
지중해포시도니아 84
참다랭이 59
천사상어 56
초록잉카벌새 22
침팬지 28
카메룬노란오렌지색난초 24
카이저점박이영원 77
캔자스이끼 71
케냐흰난초 24
콩과식물 35
콰가얼룩말 81
쿠바대롱니쥐 63

쿠바악어 63
쿠페노란난초 25
쿠프레이(캄보디아회색들소) 18
퀸즐랜드털코웜바트 40
크니스나해마 58
크리팬지 80
큰귀상어 59
큰바다쇠오리 81
키틀리츠바다쇠오리 39
키프로스풍뎅이 67
탈라우드제도쿠스쿠스 17
탐발라코크나무 84
태양앵무새 72
터너에레모멜라 29
터키도롱뇽 68
파라나소나무 21
팽이선인장 36
페르시아사슴 77
포르도팽버들옷 27
프랭클린뒝벌 70
플로리다보닛박쥐 63
피그미너구리 51
피그미멧돼지 14
하얀발가재 55
해달 90
혹머리놀래기 61
환형동물 62
흑해큰돌고래 57
흰머리타마린원숭이 23
히아신스마카우 73

＊이 책에 나오는 이름 중에는
　객관적 명칭이 아닌 것도
　포함되어 있습니다.

글 ::

로라나 지아르디 Laurana Serres-Giardi
로라나 지아르디는 진화학 박사이며, 식물 DNA의 진화에 관해 연구하는 CNRS 연구소에서 일하고 있어요.

스테판 반 잉겔란트 Stéphane Van Inghelandt
스테판 반 잉겔란트는 지구 과학과 생명에 관해 가르치는 선생님이에요. 생물다양성을 주제로 석사 논문을 발표했습니다.

알랭 세르 Alain Serres
알랭 세르는 1956년 프랑스에서 태어났으며, 현재 프랑스 출판계에서 활발하게 활동하고 있는 청소년어린이문학 작가예요.
휘 뒤 몽드(Rue du monde) 출판사를 운영하며 어린이들을 위한 좋은 책들을 계속해서 펴내고 있어요.
텔레비전 애니메이션 시리즈인 《파스타굼》을 비롯해 『사랑해요 사랑해요』, 『상상력이 무럭무럭 내 맘대로 도서관』,
『정원만큼 큰 부엌』, 『ABC노래』, 『빵, 버터 그리고 초콜릿』, 『나는 아이로서 누릴 권리가 있어요!』, 『소년, 지구별을 보다』를 썼습니다.

그림 ::

자우 Zaü
자우는 1943년에 프랑스에서 태어났으며, 유명한 그림 작가예요. 파리 국립미술학교를 졸업한 뒤, 어린이 도서에 그림을 그리고 있어요.
특히 어려운 환경의 어린이들을 위한 작업에 관심이 많아요. 20권이 넘는 책을 냈고, 『세계와 같이 큰 부엌』, 『아름다운 아프리카 친구』 등이
주목을 받으면서 현재까지 활발하게 작품 활동을 하고 있어요. 자우의 그림은 강하고 굵은 검은 선들에서 묻어나는 생명력과 독창성으로
많은 이들에게 사랑받고 있습니다.

서문 ::

위베르 리브 Hubert Reeves
위베르 리브는 프랑스인들이 가장 사랑하는 천체물리학자로, 1932년 캐나다 퀘벡에서 태어났어요. 어려서부터 유난히 별에 관심이
많았으며, 1970년 이후 천체물리학의 대중화에 앞장서며 끊임없이 그와 관련한 일들을 실행하고 있어요. 또한 《별들의 밤》이라는
텔레비전 프로그램을 진행했고, 2000년 이후에는 자연보호 운동에도 적극 참여하는 등 천체물리학 분야뿐만 아니라
다방면에 걸쳐 활동하고 있어요. 또한, 독자들로부터 널리 사랑받는 베스트셀러의 작가이기도 합니다.
저서로는 『할아버지가 들려주는 우주 이야기』, 『괜찮아, 우리는』 등이 있어요.

옮긴이 ::

이주희
이주희는 연세대학교 불어불문학과와 같은 학교 대학원을 나오고 파리4대학에서 비교문학을 공부했어요.
지금은 전문 번역가로 외국의 좋은 어린이 책을 우리말로 옮기는 일을 하고 있어요. 옮긴 책으로 『유레카 실험 원정대』,
『세계의 어린이 아틀라스』, 『황당하고 위대한 의학의 역사』, 『화산이 잠을 깼어요』, 『씨, 씨, 씨』 등이 있어요.

우리가 꼭 알아야 할 생물다양성 그림 백과

초판 1쇄 발행 2013년 6월 30일

글 로라나 지아르디, 스테판 반 잉겔란트, 알랭 세르 | **그림** 자우 | **옮긴이** 이주희 | **펴낸이** 박진영 | **편집** 김윤정 | **디자인** 새와나무 | **마케팅** 정복순 | **제작** 이수현
펴낸곳 머스트비 | **등록** 2012년 9월 6일 제396-2012-000154호 | **주소** 경기 고양시 일산동구 백마로 223 현대에뜨레보 325호
전화 031-902-0091 | **팩스** 031-902-0920 | **이메일** mustb0091@naver.com

ISBN 978-89-98433-13-0 73470

이 도서의 국립중앙도서관 출판시도서목록(CIP)은 서지정보유통지원시스템 홈페이지(http://seoji.nl.go.kr)와 국가자료공동목록시스템(http://www.nl.go.kr/kolisnet)에서 이용하실 수 있습니다.
(CIP제어번호: CIP2013008531)